新訂版

# 弁護士のための
# マーケティングマニュアルⅡ

分野別
実践編

株式会社 船井総合研究所
法律事務所コンサルティンググループ［著］

第一法規

## はじめに

本書を手に取っていただいた皆様、こんにちは。

本書、『弁護士のためのマーケティングマニュアルⅡ―分野別実践編―』は2012年の出版から、約4年ぶりに改訂しました。

本書の前編に当たる『弁護士のためのマーケティングマニュアル』は2008年4月に出版され、多くの先生にお読みいただくことができました。発売当初、日弁連新聞で弁護士会館ブックセンターのベストセラー5位にラインクインし、我々自身も予想以上の反響に驚きました。

2012年にこれを改訂する際、分野別のマーケティングについて大幅に加筆したため、結果として、『弁護士のためのマーケティングマニュアル―増補版―』と『弁護士のためのマーケティングマニュアルⅡ―分野別実践編―』の2分冊となりました。

2008年に『弁護士のためのマーケティングマニュアル』を出版した当時、我々は法律事務所の経営コンサルティングを始めて3年ぐらいが経過、全国で約20件の事務所でマーケティングのお手伝いが進行しており、手ごたえを感じ始めていました（2017年現在は、150件以上の事務所とお付き合いがあります）。

たとえば、ホームページを使った情報発信を行うと、月に30件以上もの法律相談が殺到し、一気に仕事が倍ぐらいになってしまう、ということがよくありました。

取り組んでいただいた先生方からは、「今まで、弁護士はマーケティングをしなくても顕在化している需要だけを相手にしていたけど、潜在的な需要はまだまだありますね」「これからの大増員時代に、弁護士の業務領域を広げていくために、マーケティングは必須になりそうですね」といったお言葉をいただいたりしました。

一方で、マーケティングに関する誤解は根強く、「マーケティング」や「広告・宣伝」というと、「顧客漁り！」「売込み！」「下品！」と拒絶反応を示される先生も多かったのです。
　当時、我々が先生方にお話できる機会はセミナーや講演に限られていましたので、そもそも、そういった場にお越しいただくことができないと、「いやいや、そういう面だけでもないのです」と申し上げるチャンスすらありませんでした。
　そこで、「なんとか、多くの先生方に弁護士業務にマーケティングを取り入れるメリットをお伝えする方法はないものか」と思案し、書籍の執筆に取りかかったのでした。
　『弁護士のためのマーケティングマニュアル』を書くに当たって、我々としてはできるだけ多くの先生に読んでいただきたかったのと、「おそらく、こんな機会はそう何度もないだろうから」と考えて、その時だけ通用することではなく、長く通用することを書きたいと思い、特定の分野だけで通用することや、執筆時点では通用するが、しばらく後には通用しないと思われることは割愛しました。
　そのため、マーケティングの基本戦略として、事業領域（地域・客層・分野）ごとに弁護士の需要（ニーズ）とリーガルサービスのマッチングを検討しましょう、と書いておきながら、その後の章では事業領域を特定せずに、書き進めました。
　しかし、当然ですが、具体的なマーケティングの実践となると、事業領域別に、特に分野別に考えることになります。
　この間、多くの先生方と一緒に、実に様々な分野のマーケティングに取り組ませていただき、分野別マーケティングのノウハウを作り込んできました。
　たとえば、離婚分野ではどのようなリーガルサービスの組み立てがよいか、相続の広告・宣伝ではどのような媒体が有効か、等々です。
　その中には、我々が全然知らなかったようなニッチな分野もありますが、

はじめに

　本書では、多くの先生が取り扱われている、離婚・男女関係、相続、交通事故、企業法務について、取り上げました。

　2012年の初版では、債務整理についても取り上げましたが、弁護士の業務分野の中で、債務整理の割合が急激に減少したため、今回の改訂版では、債務整理の章は割愛しました。その分、離婚・男女関係、相続、交通事故、企業法務については、その後、蓄積された実践の経験の中で重要な点を追加しました。

　1人でも多くの先生に、本書に述べるマーケティングを実践していただきたいのはもちろんですが、本書で述べた内容を参考に、様々な分野で、新しいマーケティング手法を開発し、業務領域の拡大に繋げていただければ、望外の喜びです。

2017年1月

株式会社　船井総合研究所
法律事務所コンサルティンググループ一同

# 目　　次

はじめに

## 《第1章》 分野別マーケティングとは

1　分野別マーケティングとは …………………………………… 2
2　分野別マーケティングのメリット …………………………… 5
3　弁護士増員で、専門化は進む ………………………………… 7
4　分野別マーケティングの進め方 ……………………………… 9
5　注力分野の選び方 …………………………………………… 13

## 《第2章》 離婚・男女関係分野

1　離婚分野について …………………………………………… 16
2　離婚分野の需要と弁護士の関与 …………………………… 18
3　離婚相談における課題 ……………………………………… 20
4　効果的な離婚相談のポイント ……………………………… 22
5　離婚のサービスメニューと、状況別の提案ポイント ……… 27
6　協議段階での代理人サービス ……………………………… 29
7　離婚問題を協議段階で受任する方法 ……………………… 31
8　「バックアッププラン」について …………………………… 33
9　離婚周辺のサポートメニュー ……………………………… 35
10　ライフコンサルティング …………………………………… 37
11　離婚分野で効果があったプロモーション方法 …………… 39
12　離婚分野のプロモーションのポイント …………………… 41

| 13 | 緊急性×ニーズで考える | 44 |
| 14 | 離婚専門サイトでのプロモーション | 46 |
| 15 | 離婚の紹介ルートとパンフレット | 48 |
| 16 | 離婚相談の新件受付のポイント | 50 |
| 17 | 離婚分野の今後 | 52 |

## 《第3章》 相続分野

| 1 | 相続分野について | 56 |
| 2 | 相続分野の需要と弁護士の関与 | 58 |
| 3 | 遺産分割と周辺プレイヤー | 60 |
| 4 | 相続手続サービスとは | 62 |
| 5 | 弁護士における相続手続サービスの導入 | 65 |
| 6 | 遺産分割の協議段階における弁護士のサービス | 67 |
| 7 | 紛争を中心とした遺産分割のワンストップサービス | 70 |
| 8 | 遺言・後見・高齢者の法律問題 | 72 |
| 9 | 多職種連携による成年後見モデル | 74 |
| 10 | 潜在的な成年後見の需要を発掘するには | 77 |
| 11 | 相続分野で効果があったプロモーション方法 | 79 |
| 12 | 相続分野の紹介ルート | 81 |
| 13 | 相続のお問合せ対応のポイント | 83 |
| 14 | 効果的な相続相談のポイント | 85 |
| 15 | 相続分野の今後 | 90 |

目 次

## 《第4章》 交通事故分野

1　交通事故分野について ……………………………………… 94
2　交通事故被害の需要と弁護士の関与 ……………………… 96
3　交通事故被害における情報格差 …………………………… 99
4　交通事故被害者の悩みと、ワンストップサービス ……… 101
5　後遺障害認定に弁護士が関与する重要性 ………………… 105
6　ワンストップサービスに必要なノウハウの習得と、必要な
　　ネットワーク ………………………………………………… 107
7　交通事故分野の費用設定 …………………………………… 109
8　交通事故で効果があったプロモーション方法 …………… 111
9　交通事故プロモーションのポイント ……………………… 113
10　交通事故のWebプロモーションの変遷 ………………… 115
11　交通事故の紹介ルート ……………………………………… 117
12　交通事故相談のポイント …………………………………… 119
13　いわゆる「むち打ち」の事案について …………………… 123
14　交通事故分野の今後 ………………………………………… 125

## 《第5章》 企業法務分野

1　企業法務分野のマーケティング …………………………… 128
2　企業法務の需要と弁護士の関与 …………………………… 130
3　企業法務の弁護士需要拡大における課題 ………………… 132
4　企業法務サービスの「見える化」 ………………………… 134
5　企業法務における分野特化サービス ……………………… 138
6　顧問化の重要性とマーケティング ………………………… 140

vii

| 7 | 企業法務分野で効果があったプロモーション方法 …………… | 142 |
| 8 | 企業法務で有効なホームページとは ……………………………… | 145 |
| 9 | 企業法務で有効なセミナー・講演の実施方法 ………………… | 147 |
| 10 | 企業法務分野の紹介ルート ………………………………………… | 150 |
| 11 | いわゆる「営業活動」について …………………………………… | 152 |
| 12 | 顧問契約を継続してもらう方法 …………………………………… | 154 |
| 13 | 企業法務分野の今後 ………………………………………………… | 156 |

## 《第6章》
## これからの弁護士マーケティング

| 1 | 弁護士需要は創造される!? ………………………………………… | 160 |
| 2 | 弁護士需要拡大の舞台は、目の前の分野にある!? …………… | 162 |
| 3 | 弁護士需要創造の4つの視点 ……………………………………… | 164 |
| 4 | 弁護士マーケティングと理念について ………………………… | 166 |

あとがき

著者紹介

# 第1章

## 分野別マーケティングとは

# 1 分野別マーケティングとは

　本書では、弁護士の分野別マーケティングの実践として、交通事故、離婚、相続、企業法務のマーケティングをそれぞれ取り上げます。

　私達が弁護士のコンサルティングを始めた2005年頃は、弁護士業務をマーケティングの視点から考える、ということ自体が珍しがられましたが、分野ごとにマーケティングを考える、ということに違和感を持たれる先生は、それ以上に多かったと思います。

　今もそうですが、当時も、多くの先生方は取扱業務の幅が非常に広く、個人の分野から企業法務まで、「何でもやりますよ」という事業領域であることが多かったためです。

　そして、その主だったマーケティング方法は、業務分野にこだわらずに、まずは人脈を広げて、それらの人脈から、様々な分野の法律相談を受けていく、というものだったからです。

　したがって、コンサルティングの開始当初に「どういう分野の依頼を増やしていきたいですか？」と訊ねると、「特定の分野を打ち出してしまうと、他の分野ができないと思われるのではないか…」と心配される先生が多かったのです。

　しかし、この数年で状況は大きく変化しました。特に、新規開業される先生方の中で、「自分はこの分野に特化して開業しよう」「いずれはいろいろな分野をやりたいけれど、開業当初はこの分野に絞ってやっていこう」という先生がずいぶん増えました。

　もちろん、分野を特定せずに、総合的に依頼を増やしていくようなマーケティング手法もあります。すぐに直接的な仕事の依頼を目的とせずに、まずは人脈を広げる、という方法もその１つですし、業務分野を限定せず

に、先生のキャラクターによってブランディングする方法もあります。

　また、分野の専門性以前に、親身な相談や、丁寧な仕事ぶり、社会人として信頼に値する立ち居振る舞いなどが、依頼を増やすために重要な要素であることは言うまでもありません。

　しかし、需要（ニーズ）とサービスをマッチングさせることがマーケティングですから、当然、事業領域（地域・客層・分野）ごとに、その組み立ては異なります。

　分野別マーケティングとは、分野別に「ターゲット」と「マーケティング・ミックス」を考えることに他なりません。

　「ターゲット」と「マーケティング・ミックス」については、前著で解説したとおりですが、本書を読み進めていただく上で、重要な概念ですので、改めて、解説しておきます。

　マーケティング・ミックスは通常、Product（製品）、Price（価格）、Place（販売チャネル）、Promotion（販促）の４Ｐの視点で語られます。

　ターゲット（Target）とは、依頼者にしたい対象のことです。分類としては、まずは法人相手か個人相手か、その両方か、ということになります。次に、法人ならば、大企業か中小企業か、個人ならば男性か女性か、など様々な視点があります。

　Product とは製品のことです。弁護士の場合、リーガルサービスの組み立てをどうするか、ということになります。

　Price については、解説不要かと思います。弁護士費用をどうするか、ということになります。

　Place というのは販売チャネルのことです。弁護士の場合は、受任ルートと考えてください。

　Promotion とは、販売促進と訳されることも多いですが、ターゲットに対するコミュニケーションのことです。広告宣伝やホームページの他、セミナー開催なども含まれます。また、人的な営業活動も含まれます。

　本書の各分野別の章は、およそ、次のように構成しています。

(1) 各分野の概況

(2) その分野における弁護士需要、弁護士業務の課題

(3) リーガルサービスの組み立て（Product）

(4) 弁護士費用（Price）

(5) 販売促進、ターゲットとのコミュニケーション方法（Promotion）

(6) 販売チャネル、特に間接的な受任ルート、紹介ルート（Place）

(7) 今後の課題や可能性

　分野によって、強調したいポイントが異なるため、必ずしも順番どおりではなく、また、重要でない項目は削除していますが、読み進めていただく際に、この構成を頭に入れて、お読みいただければと思います。

## 2 分野別マーケティングのメリット

　ところで、分野別にマーケティングを考えるといっても、必ずしも、その弁護士や事務所が特定の分野に専門特化する、という意味ではありません。

　一分野ずつ、１つ１つ、強化していきましょう、ということです。たとえば、今年は交通事故を強化する。そして、地域一番の実績ができたら、次は相続を強化する、といった具合です。

　たとえば、弁護士１人の事務所を考えた場合、受任できる事件の数は、多くても１ヶ月に10件程が限度だと思います。

　その場合、毎月、債務整理事件を２件、離婚事件を２件、相続事件を２件、交通事故事件を２件…と受任していくよりも、まずは相続事件を月10件のペースで半年から１年受任し続ければ、かなり相続に強い弁護士、ということになります（相続事件を毎月10件受任するのは、限りなく不可能に近いですが…）。

　後でも述べますが、相談や業務の経験値が上がることで、マーケティングは強化されていきます。

　受任できる件数には限界がありますから、集中的に特定分野の経験値を上げることで、効率的かつ効果的にマーケティングを強化していくことができるのです。

　また、分野別にマーケティングを強化することは、依頼者から選ばれる、という視点からもメリットがあります。

　これは、たとえば、先生（の奥様）が買い物に行かれる際のお店の選びと同じことです。肉も魚も野菜も地域で一番のスーパーがあれば、もちろん、そのお店に買い物に行きます。しかし、他はそうでもないけど魚は地

域で一番、というスーパーがあれば、魚はそこに買いに行くのです。そして、ついでに、野菜も買ってくる、ということになります。つまり、肉も魚も野菜も「そこそこ」のスーパーには買い物に行かないのです。

　弁護士の場合でも、最終的に総合型事務所を目指す場合、いろいろな分野を取り扱ってはいるが全てが「そこそこ」で「他のどこにも負けない一番の分野は１つもない」というのでは厳しいのです。もちろん、一番の分野がたくさんあるのが最もよいのです。

　しかし、いきなりそれが難しい場合には、少なくとも１つの一番分野があり、それ以外の分野も取り扱う、というのが効果的なのです。

　もちろん、たとえば、弁護士が10名もいる地域一番事務所の場合には、いきなり、離婚と相続と交通事故と企業法務を強化しましょう、ということができる場合もあります。

　しかし、ほとんどの事務所では、弁護士や事務所の力を様々な分野に分散させると、全てが中途半端になってしまい、効率的・効果的ではないのです。

## 3 弁護士増員で、専門化は進む

　前項で、分野別マーケティングを進めることと、最終的に総合型事務所を目指すのか、専門型事務所を目指すのかはそれぞれメリットがある、と述べました。

　しかし、予測としては、今後、ますます弁護士が増員され、ライフサイクルが進むと、専門化する事務所は増えていくと考えています。

　やや厳しい話になりますが、需要が供給を上回っている場合は、他の弁護士に対する競争優位がなくても、十分に案件を導入することができます。しかし、供給が需要を上回ると、何らかの競争優位がある先生は、十分に案件が導入できるものの、競争優位がない先生は案件が導入できない、ということになります。

　もちろん、競争優位のつくり方は、専門分野をつくるとか、特定の分野で競争優位をつくる、という以外の方法もあります。たとえば、緊密な人間関係も、競争優位になりえます。

　しかし、あらゆる分野で競争優位をつくるのは難しいので、特定の分野で競争優位をつくる、というのは典型的な方法です。

　そして、その分野のサービスレベルが高度化すると、専門化して取り組んでいない先生はノウハウ的に追いつけない、ということになりやすいと思います。

　これまでも、たとえば、M&Aや知財、税法のような分野は特殊性があり、専門的に取り組まないと難しい、という認識が一般的だったと思いますが、債務整理、離婚、相続、交通事故、といった分野については、専門化して取り組む、というイメージはなかったように思います。

　しかし、実際には、たとえば、相続相談を年間10件程度しか受けていな

い先生と、月間20件以上の相続相談を受けている先生では、経験やノウハウが圧倒的に違ってきます。

　我々がコンサルティングをさせていただいているケースでも、特定の分野の相談を年間数百件もされるようになると、依頼者や相談者の中から「他の先生にも相談したけど、先生は全然違いますね」と言われるようになり、ご自身でも「他の弁護士とは差別化されたサービスレベルになったと思う」とおっしゃる先生がたくさんおられます。

　したがって、我々は、今後、弁護士がさらに増員されると、これまで専門的に取り組む分野ではないと考えられていた分野も含めて、専門事務所や専門の先生が増えると予測しています。

# 4 分野別マーケティングの進め方

　さて、いよいよ、分野別マーケティングの進め方について述べます。全部で8ステップです。

① 強化する分野を決める

　まず、どの分野から強化するか、強化する分野を決めます。分野の選び方は次項で述べます。

② 情報発信を強化して、相談数を増やす

　ここが重要なポイントです。多くの先生は、「この分野を強化しよう」と決めると、まず取り組まれるのは勉強です。もちろん、勉強も大切なのですが、実践が一番の勉強になります。逆に、どんなに勉強しても、実際に相談がなければ、実践的なノウハウを得ることは難しいのです。
　どんな分野でも奥が深いですから、どんなに勉強しても、「これでOK」ということにはならないと思います。したがって、まずは情報発信をして、相談を増やしながら、同時に勉強をする、ということが大切だと思います。
　情報発信の媒体は、後の章で詳しく述べますが、分野によって、ホームページやタウンページなどの広告宣伝、ブログなど無料で発信できるもの、セミナー、講演、ニュースレターなどを活用します。

③ 相談の経験値を増やす

　集中的に特定の分野の相談を増やすと、経験値が一気に上がります。
　たとえば、相続の相談を年間20件以上受けている先生は少ないと思いますが、ホームページなどを活用すれば、月間で20件以上の相続相談を受け

ることもできます。

　これによって、まずは相談の経験値を一気に上げるのです。後に述べます離婚相談や相続相談の効果的なやり方は、このような集中的な経験の中から開発されています。

④　依頼業務の経験値を増やす

　相談数が増えると依頼業務が増えるのはもちろんなのですが、相談の経験値が高まることで、受任率も上がりますので、相談数と比例する以上に、依頼業務を増やすことができます。

　そして、依頼業務が増えることで、業務のノウハウも蓄積されます。

⑤　相談と依頼業務の分析から、業務効率化を図る

　相談と依頼業務の経験値が高まると、業務効率化を図ることができます。経験値が増えることで、相談においても、より効果的な質問ができたり、どのような提案が依頼者の心に響くのか、というのもルール化されていきます。それによって、今まで2時間かかっていた相談が1時間半または1時間でできるようになります。

　依頼業務においても、様々なパターンの書面の蓄積によって、業務の効率化を図ることができ、役割分担を進められるようになります。

⑥　相談と依頼業務の分析から、サービスを改善する

　業務の効率化とは、依頼者に提供されるサービスは同じで、弁護士側の業務が効率化されることを指していますが、単に業務の効率化を図るだけではなく、依頼者により役立つようにサービスを改善したり、新たなよりよいサービスを開発することが重要です。

　分野別のマーケティングを行い、特定分野の相談や依頼業務を集中的に行うことの真骨頂はここにあると思います。

　ある分野の依頼が年に数件あるという状況では、なかなかサービスの改

善や新しいサービスの開発にまで至らないものですが、集中的に数十件、数百件と特定分野の案件に取り組むことで、サービスの改善や開発を進めやすくなります。

### ⑦　周辺業務の勉強から、サービスを改善する

　この段階まで来て、さらにサービスを改善する視点として、周辺業務から学ぶ方法があります。

　たとえば相続でいうと、税理士や司法書士の先生、信託銀行などがどのようなサービスを提供しているのか、といったことを勉強することで、サービスの改善のヒントが得られたりします。

　サービスの改善や新しいサービスの開発は、相談や依頼業務の実践の中から見えてくるものと、弁護士業務の外側から見えてくるものがあります。特に、多くのヒントを与えてくれるのは、周辺業務や周辺プレイヤー（他士業）です。

### ⑧　経験値と改善されたサービスにより、さらに相談数を増やす

　経験値が上がり、サービスが改善されると、相談も依頼もさらに増やしやすくなります。

　たとえば、当初に作成したホームページでも、経験値を取り込んで、より充実した内容を発信することができますので、さらに相談数が増えますし、クチコミによる相談も増えていきます。

　このように、強化する分野を決めたら、まず、情報発信を強化して、相談数を増やすことが、分野別マーケティングの好循環をつくっていく重要なポイントです。

　そして、相談や依頼が増えたら、その経験値に基づいて、業務の効率化や業務の改善をしてくことが重要です。

　当初は、広告宣伝や情報発信によって、相談や依頼が増え、地域一番に

なったかのように見えたとしても、その後の業務の効率化や改善を怠ると、長い目で見た時に、依頼者に支持され続ける事務所にはなれないと思います。

## 5 注力分野の選び方

　本章の最後に、注力分野の選び方について述べます。この部分はまさに、先生自身がどんな弁護士になりたいのか、どんな事務所にしていきたいのか、という重要な部分になります。最終的に、総合事務所を目指すのか、専門事務所を目指すのか、ということとも関係します。

　もちろん、先生自身が心の底からこれがやりたい、という分野があれば、それが一番大切にすべきものだと思いますし、我々がコンサルティングをさせていただく場合にも、最も大切にしています。

　それ以外に、我々がコンサルティングで、「どの分野に注力していきましょうか？」と話し合う場合には、①長所伸展、②一番化、③時流適応の3つの視点についても考えていただくことにしています。

　それぞれ、説明していきます。

① 長所伸展

・得意分野に力を入れましょう。
・実際に案件数が増えている分野、伸びている分野に力を入れましょう。

　苦手な分野に力を入れても伸ばしにくいのです。また、自分では得意だと思っていても、実際には案件がほとんどない、という分野は、伸ばしにくい場合が多いです。

② 一番化

　得意分野や、現に伸びている分野が伸ばしやすいのですが、できれば、一番になれる分野を選ぶ、ということです。一番化の原則については、『弁護士のためのマーケティングマニュアル』で述べたとおりですが、一

番は圧倒的に有利なポジションにあります。

　たとえば、「埼玉県で、相続で一番になる」、「奈良市で、離婚で一番になる」などです。

　また、「奈良市で、離婚で一番になる」のが難しい場合には、より細分化して「奈良市で、男性側の離婚でなら一番になれる」と考えることもできます。これを「力相応一番化」と言います。その場合は、まずは男性側の離婚に注力する、ということになります。

　ちなみに、一番化ができれば、次に述べます、時流適応ができなくても、おおむね仕事に困らないのです。

③　時流適応

　もう1つは時流適応の視点です。長所伸展というのは、弁護士や事務所の内部環境の分析から導出されますが、時流適応は外部環境の分析から導出されます。弁護士需要全体として、現在伸びている分野は何か、近未来に伸びる分野は何か、ということです。

　時流適応をすれば、一番でなくても、相談や依頼を増やしていくことができます。需給バランスで、需要が上回っている場合には、一番でなくても、一定の相談や依頼を得ることができるためです。

# 第2章

## 離婚・男女関係分野

# 1 離婚分野について

　離婚分野は法律事務所が取り扱う分野としては、常に一定数以上の相談があり、今後もなくなることのない大きな市場です。我々がお付き合いをさせていただいている事務所においても、離婚のマーケティングに取り組み、毎月50件以上の新規離婚相談を受任している事務所が複数存在します。

　しかしながら、実際に先生方にお話をお伺いすると、「離婚は積極的に取り扱いたくない」「マーケティング活動をしてまで案件を増やしたくない」という考えの方が多くいらっしゃるのも事実です。

　要因として、①離婚相談は、夫（妻）への愚痴や不満といった人生相談になるケースが多く、法律では解決できない問題が多い、②必ずしも緊急性に迫られている相談者ばかりではないので、相談から受任に至る率が高まらない、③受任してから解決までに時間と手間がかかるケースが多く、稼働に対する報酬が見合わない、などがあげられます。

　離婚分野は需要が多いにもかかわらず、他の分野と比較をして、積極的に取り組んでいる事務所が多くないという点では、工夫をしてマーケティングをすることで、大きな成果をあげられるチャンスの大きい分野です。そして、前述した３つの典型的な課題についても、先進的に取り組まれている事務所においては、様々な工夫と努力により、課題を乗り越え、大きな成果をあげられています。

　安定的に一定レベルの相談件数が見込めること、受任時に着手金を設定するケースがほとんどであること、今後もなくならない分野であることなどを総合的に考えると、事務所経営の柱となりやすいのです。

　実際に、事務所の新規開設時や中期的に弁護士数を増やしながら拡大をしていきたいと考えている先生においては、「まずは離婚分野のマーケテ

ィングから取り組みましょう」とご提案させていただく機会も増えてきています。

　離婚分野のマーケティングといっても、法律事務所が主として扱っている領域は、離婚問題でお悩みの方のニーズ・お困りごとの一部でしかなく、サービスの幅を広げていくことで、より大きな貢献ができる分野でもあります。

　本章では、全国の法律事務所での取り組みから、離婚のマーケティングノウハウについて述べてまいります。

## 2 離婚分野の需要と弁護士の関与

　マーケティングノウハウの解説に入る前に、離婚分野における弁護士の市場を整理したいと思います。厚生労働省の発表している『人口動態統計の年間推計（平成27年）』によると、2015年の離婚件数は22.5万件でしたが、2011年以降の直近5年間で見ると、22～23.5万件で大きな変化はありません。

　離婚の種類別構成割合の指標についても、厚生労働省の『平成26年人口動態調査上巻　離婚第10.4表』より見ることができます。離婚件数における協議離婚の割合は、2000年の時点では、全体の91.5％という数値でしたが、10年後の2010年に87％台になり、以降、2013年までの4年間において大きな変化がありません。調停離婚の割合についても同様です。

　重要なのは、国内での離婚の総数に対してどれだけ弁護士が関与しているかということです。正確な数値を図ることは難しいのですが、『弁護士白書（2015年版）』のデータによると、夫婦関係調整調停において、どちらかに弁護士がついた割合は、2010年の時点では27.9％であったのに対して、2014年は41.8％まで上昇しています。これらはホームページを中心とした、様々な情報発信により、弁護士のサービスへの認知が進み、弁護士を利用する割合が増えているのだと推測できます。

　これらの数値を踏まえ、弁護士の取り扱う離婚分野については、①離婚件数は微減となっている、②法律事務所の情報発信量が増えた結果、弁護士の関与率は高まっている、③関与率が高まっているとはいえ、弁護士が提供できるサービスの幅から考えるとまだまだ十分ではない、といったことが言えると思います。

　マーケティングを実施する上で、特に考えるべきは、「いかにして弁護

士の関与率を高めるか」という視点です。特に、離婚総数の87％を占める協議段階に、弁護士が積極的に関わっていくことで、需要はさらに広げることができます。

　弁護士の先生方にお話を伺う中では、「離婚は調停になってはじめて依頼を受けるもの」「協議段階では、まずは当人同士で話し合ってもらうもの」という認識を持っている先生も多くいらっしゃいます。一方で、当人同士での話し合いに大きなストレスを感じていたり、知識がないために不利な状況で離婚させられていたりするケースは多くあるので、ここにこそ弁護士のニーズが存在するとおっしゃる先生もいらっしゃいます。

　先生方がマーケティングを行うことで、弁護士のサポートを必要としている相談者の方の需要を喚起し、弁護士の扱う領域を広げるアプローチが重要です。

## 3 離婚相談における課題

　離婚分野は、他の分野と比べると、比較的問合せを増やすこと自体は難しくありません。要因として、法律事務所が扱う分野の中でも、一定の母数が確保できる分野でありながら、積極的にマーケティングを展開する事務所が多くなかったからです。むしろ、問合せを得た後のことに課題がありました。

　その課題とは、前に述べた3つの点ですが、このうちの2つが相談に関する課題でした。まず1つ目は、離婚相談は、得てして法律的な相談もさることながら、夫（妻）に対しての愚痴や感情的な話になる傾向が強く、「そんなこと、弁護士に相談されても…」となってしまうこと。2つ目は、マーケティングを行って、たくさんの離婚相談があっても、依頼を受けるケースはそれほど、多くないことです。

　離婚相談に来られる方の多くが、堰を切ったように夫（妻）への不満を述べ、不安を言い募り、どうしたらよいのか、と感情的になられます。また、離婚の経緯の説明も、行ったり来たりして、要領を得ないことも多いと思います。優しい先生方には遮ろうにも遮れない。話を遮って、法律的な論点を聞き出そうとしても、また、いつの間にか感情的になられてしまい…、ということがよくありました。

　相談者の話を十分に聞こうとしたら、時間が2時間も3時間もかかってしまった。しかも、時間をかけて話を聞いたのに、相談者に満足してもらえなかった、ということさえ少なくなかったのです。

　また、離婚相談の多くは、離婚を考えている段階や協議中の段階での相談ですから、非常に長い時間をかけて相談をした結果、「では、まずは2人でよく話し合ってください」「調停を申し立てられるようでしたら、弁

護士をつけた方がよいかもしれません」ということになり、受任には至らないことが多い、というのもそのとおりでした。

　これは先生方も大変だなあ、と我々も思いました。

　しかし、我々がより問題を感じたのは、弁護士の先生にとっても「相談がかみ合わない」「受任にならない」とストレスフルなのですが、相談者にとっても「相談がかみ合わない」「結局、自分で話し合うのか…（不安が解消されない）」という面があることでした。

　離婚のマーケティングの当初の課題は、離婚相談における、このような弁護士と相談者のミスマッチをいかに解消するか、ということであり、これが解消できれば、弁護士にとっても、相談者にとってもよいのではないか、と思われたのです。

## 4 効果的な離婚相談のポイント

　当初は、離婚ともなると感情的になるのは当然であるし、相談に時間がかかるのは致し方ない、しっかりと時間をかけて話を聞くしかない…、とも思われたのですが、やはり、経験は力です。
　離婚分野のマーケティングに取り組まれた事務所では、1日数件の離婚相談を受けることが常だったのですが、この状態が数ヶ月、半年と続く中で、離婚相談を効率的または効果的に行う様々なポイントが見出されたのです。
　今では、当初から比べると、とても効率的かつ効果的に離婚相談ができる方法が確立されてきました。また、それは同時に、相談数に対する受任率が高まる方法でもありました。
　もちろん、先生によって個人差がありますが、凄い先生になると、離婚の初回相談をきっかり1時間で、満足度の高い相談をして、受任率が5割程度にもなる、という先生もいらっしゃいます。
　最も重要なポイントは、当たり前のようですが、弁護士が主導権を取って相談を進める、ということです。
　前にも述べましたように、離婚相談では、弁護士が知りたいポイントになかなか辿りつかない、という場面がよく見られますが、これは、相談者の側からすると、何を伝えればよいのかが、分からない、ということを示しています。
　たとえば、「離婚の理由」です。多くの相談者のケースは、民法770条が規定する離婚事由に該当しません。その中で、何をどう説明すれば、離婚しようとしている（または、相手から離婚を迫られている）理由を分かってもらえるのか、分からないのです。また、夫婦間の話は他人には分から

ないのではと不安に思いながら、なんとか弁護士に自分の気持ちを分かってもらうには、どうすればよいか、と悩まれてしまうのです。

　そこで、離婚相談を効率的に進めるためには、弁護士が主導権を取って、離婚したい場合（またはしたくない場合）、何が問題になり、何を考えなければならないかを、できるだけ早い段階で説明し、相談者に理解してもらう必要があります。

　以下に、効果的な離婚相談の4つのポイントを順に述べていきます。

## ①　事前に相談票を書いてもらう

　事前に相談票を書いてもらう方法はきわめて効果的です。氏名、住所、お子様の有無、結婚期間、別居の有無、離婚理由、財産などを、弁護士が必要とする情報を事前に書いてもらうのです。

　これは、非常に基本的なことですが、相談票の有無によって、離婚相談の効率は全然違ってきます。下手をすると1時間かけても聞き出せないかもしれない必要項目が、相談前に記載されていて、5分ほどで確認ができるからです。

　相談票を書いていただくためには、事前に用紙を送ってもよいですし、最近ではホームページから用紙をダウンロードしてもらう方法も一般的になりました。また、相談前に事務所で書いていただくこともできます。

相談日：平成　　年　　月　　日

## 法律相談票（男女関係）

お名前　　　　　　　電話（携帯）　　　　　　　（ご自宅）
本籍地
ご住所　〒
e-mail
相談者の生年月日：（ＭＴＳＨ）　　年　　月　　日（　　歳）
夫（妻）の生年月日：（ＭＴＳＨ）　　年　　月　　日（　　歳）
お子様の数：　　　人（年齢　　　　　　　　）
ご結婚日：　　　年　　月　　日　　別居開始日：　　年　　月　　日

ご職業　　　　　　　　　　収入
相談者：　　　　　　　　　相談者：年収　　　万円　　　月収　　　万円
夫（妻）：　　　　　　　　夫（妻）：年収　　　万円　　　月収　　　万円

離婚したい理由
□夫（妻）の不倫　□自分に恋人がいる　□暴力　□精神的虐待
□夫（妻）の病気（病名　　　　　）□夫（妻）の浪費　□夫（妻）の借金
□生活費を渡さない　□夫（妻）の両親との不和　□夫（妻）が離婚を求めている
□性的不調和　□性格の不一致（具体的に　　　　　　　　　　　　　）
□その他（　　　　　　　　　　　　　　　　　　　　　　　　　　　）

所有不動産の有無（有・無）　　　　　　自分管理の預貯金　　　　　円
所有不動産の取得価格　　　　万円　　　夫（妻）管理の預貯金　　　円
所有不動産の現在価値　　　　万円
ローン残額　　　万円
（毎月のローン支払額：　　　万円／ボーナス時のローン支払額　　　万円）
　　　　　　　　　　（年　　回）

生命保険の有無（有・無）　　年金の種類（自分：　　　　夫(妻)：　　　　）
その他の財産（　　　　　　　　　　　　　　　　　　　　　　　　　　）
特に相談したい事項：

（人物関係図）　ご家族のお名前、ご年齢等をご記入下さい。

```
············ 夫 ══════════ 妻 ············
         （　　歳）      （　　歳）
            ┌────────┼────────┐
            子        子        子
       （男／女：歳）（男／女：歳）（男／女：歳）
```

② ロードマップ表に沿って、相談を進める

　離婚相談では、相談票以外に、ロードマップ表を活用すると、実に効率的に相談が進められます。これは前に述べた、離婚相談で、何が問題になり、何を考えなければならないかを説明するためのツールです。

　先生方の頭の中には、当然これらのポイントが整理されているわけですが、ここで大切なことは、口頭で説明するよりも、ロードマップ表を示して、「見える化」することで、より効果的に相談者に頭の中を整理してもらいやすい、ということです。

　先生によって、いろいろ工夫されていますので、多少中身は違いますが、基本的な内容は以下のとおりです。

　ロードマップ表には、まず大分類として、①合意の有無、②子どもの問題、③お金の問題、と記載します。次に、②子どもの問題の中身を、親権、養育費、面接交渉に、③お金の問題を、財産分与、慰謝料、年金分割、婚姻費用、に分類します。

　これによって、検討すべきポイントの全体像が整理され、効率的に相談を進めることができるのです。

　もちろん、話の途中で、相談者の話がまったく無関係なポイントに逸れていくこともあるわけですが、そんな場合でも、ロードママップ票を示すことで、冷静に相談者を元のポイントに連れ戻すことができます。

③ ゴールを共有する

　ロードマップ表に沿って、離婚の全体像とポイントが共有できたら、後はゴールが共有できるかどうかです。

　ゴールが共有できれば受任に至るケースが多く、また、受任後の業務も効率的に進められます。逆に、離婚相談の難しさや業務の効率の悪さは、ゴールを共有しにくいことにあるのではないかと思います。

　たとえば、妻が夫から離婚を迫られて、夫が浮気をしている、まだ別居していない、というようなケースで、妻も最終的には離婚してもよい、と

考えているようなケースでは、「最終的に離婚するなら、相手が別れたがっていて、こちらの同意がないと別れられない時期に、できるだけよい条件で別れましょう」というようなゴールが共有できれば、受任にも至りやすく、業務も効率的に進められます。

### ④ サービス内容と料金を提示する

　ゴールが共有できたら、弁護士が提供するサービス内容を提示します。

　我々は、法律相談において、弁護士が関与すべき場合には、弁護士の方からはっきりと、弁護士がどのようなサービスを提供できるのか、弁護士が関与する場合のメリットは何か、どれぐらいの費用がかかるのかを示すべきだ、と考えています。

　弁護士の方では、あまり自分から売り込むことは控えたい、と考えておられる場合もあると思いますが、相談者にとっては、弁護士のサービスやメリットを説明してもらわないと、よく分からない、ということが多いのです。

　また、「後は、自分でやってみてください」と言われるよりも、「弁護士に依頼していただければ、こうして差し上げますよ」と提案された方が、親切に感じられる場合も多いのです。

　以上、やや長くなってしまいましたが、4つのポイントでした。

　これ以外にも様々なポイントがあると思いますが、これだけでも離婚相談は非常に効率的・効果的になると思われますので、是非、試してみてください。

## 5 離婚のサービスメニューと、状況別の提案ポイント

　前項で、相談のポイントとして、サービス内容と料金を提示する、ことを挙げました。

　離婚相談と一口に言っても、様々なニーズがあることが分かってきたため、相談の工夫と併せて、多様なサービスメニューを準備したことで、受任率は飛躍的に高まりました。

　下図が、そのサービスメニューです。相談に来られた方の進捗状況（協議段階・調停段階・訴訟段階）と、自分で進めたいか・弁護士に任せたいか、という2軸で、サービスメニューを整理しています。

　後で述べますが、これらのメニューを活用することで、たとえば、協議段階でも代理人として受任や、「弁護士に任せずに、自分で進めたい。アドバイスだけ欲しい」という方についても、受任が進むようになりました。

　特に、自分で進めたいとお考えの方に対して、たとえ弁護士に依頼するメリットが大きかったとしても、無理に代理人契約を進めることは適切ではありません。その場合に、バックアッププランを活用していただき、継続してご相談をいただくことで、弁護士のサポートを受ける有用性を感じ

| | ご相談段階 | 協議段階 | 調停段階 | 訴訟段階 | 離婚後 |
|---|---|---|---|---|---|
| 自分で進めたい | 相談料▶ | バックアッププラン▶ | | | 強制執行 |
| | | 離婚協議書作成▶ | | | |
| 弁護士に任せたい | | 協議サポート▶ | 調停サポート▶ | 訴訟サポート▶ | アフターケアサービスプラン▶ |

図1　離婚に関するサービスメニュー例

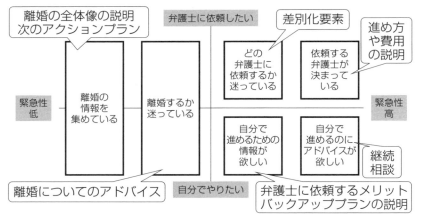

図2　離婚分野における状況別のポイント

ていただいたり、交渉が行き詰った際に依頼をしていただける状況をつくることが重要です（「バックアッププラン」については後述させていただきます）。

　また、提案の際には、相談者の状況やニーズによって、依頼者が何を知りたがっているのか、何に重点を置いてお話をすべきかにも注意を払う必要があります。

　たとえば、「弁護士に相談したいが、自分で進めたい」という相談者には「バックアッププラン」の内容等を説明すべきですが、「弁護士に依頼することは決めているが、どの弁護士に依頼するかは決めていない」という相談者には、自分（事務所）に依頼いただくことを後押しするような内容を説明することが求められます。

# 6 協議段階での代理人サービス

　離婚分野は相談数の割には、受任になるケースが少ない、という課題については、離婚相談の進め方以外に、2つのサービスの組み立てによって、大きな改善が見られました。

　そのうちの1つが、本項で述べる、協議離婚段階での代理人サービスの強化です。

　もちろん、協議段階から代理人として受任するサービスは、以前からあったことですが、これを積極的に打ち出して、事務所の離婚事件の受任の4割以上を占める、というようなケースはあまりなかったものと思われます。

　多くの先生方は、「離婚相談は協議段階ではほとんど受任に至らない」「調停を申し立てたり、申し立てられる段階になると、受任になる可能性が高くなる」と考えられていました。

　しかし、実際に協議段階から積極的に受任をされている先生方のお話を伺っていると、協議段階でも、弁護士に代理人になってもらいたいという潜在的な需要は、先生方が考えられているよりもはるかに多い、と確信するようになっていったのです。

　それは、簡単にいうと、協議段階の相談の場合「では、こういう方向で、まずは2人でよく話し合ってください」というケースが多く、アドバイスとしてはまったくそのとおりなのですが、相談者が「これで大丈夫！」と安心して、お帰りになっているかといえば、我々にはそうは見えないことが多かったのです。より具体的に言うと、弁護士のアドバイスを受けても、「本当にこの相談者は、自分で相手との話し合い（交渉）ができるのだろうか…」と感じることが多かったのです。

また、仮に、弁護士をつけなくても、協議離婚で終わる場合であっても、弁護士をつけなかったことで、損をしてしまっている（悪い条件で離婚している）ケースも多いのではないか、また、協議離婚で終わらずに調停になるようなケースでは、弁護士をつけることで協議段階で、早く終わるケースも多いのではないか、と思えました。
　そこで、何人かの先生と相談して、「協議段階でも、受任して、サポートしてあげた方がよいのでは…」という話になりました。
　現在、我々がお付き合いさせていただいている事務所で、離婚事件に力を入れている事務所では、多くの場合、協議段階から弁護士が関与することに力を入れています。
　その結果、離婚分野や相談数の割に、受任になる事件が少ない、という問題は、相当程度、解消されてきています。
　また、協議段階で受任するメリットはそれだけではなく、話がこじれる前に解決することで、よりよい解決が得られ、依頼者にも喜ばれる。さらに、調停に比べて、スピーディーに、また、出廷の負担も少なく、効率的に解決できる、といいことだらけなのです。

## 7 離婚問題を協議段階で受任する方法

　本項では、離婚協議の段階で受任する方法と、そのメリットについて述べます。

　離婚協議段階での受任を増やすためには、いくつかのポイントがあると思いますが、最も重要なことは、協議段階でも弁護士が関与するメリットを十分に認識して、積極的に提案することです。

　1つ目のポイントは、前にも述べました、サービスメニューの作成です。

　このサービスメニューの中に、「協議段階での代理人サービス」「調停段階での代理人サービス」「裁判段階での代理人サービス」と3段階で明示するのです。

　弁護士費用については、段階的に変える方法もありますし、あえて「協議段階での代理人サービス」と「調停段階での代理人サービス」の費用を同じにして、「どうせ、調整に移行したら、代理人をつけるおつもりでしたら、協議段階から依頼した方がお得です」と説明する方法もあります。

　いずれにしても、重要なことは、こちらは協議段階から、代理人としてサポートする意思があり、メニューとして準備している、というスタンスを示すことです。

　2つ目には、協議段階で弁護士が関与するメリットを認識しながら、相談を進めることです。協議段階から弁護士が受任することによる、依頼者のメリットは次のようなものがあります。

- ・弁護士が代理人として交渉することで、適切な解決が得られる。
- ・当人同士で話し合って、こじれる前に、解決することで、よりよい解決が得られる。

・弁護士が代理人として交渉がすることで、嫌な相手との交渉のストレスから開放される。
・弁護士が代理人として交渉することで、スピーディーに（調停に移行する前に）解決する。

　相談者によって、需要（ニーズ）は異なり、弁護士に依頼しようと思う動機は異なります。
　相談の中で、相談者の需要や依頼に繋がる動機を探り、「弁護士が代理人になった場合には、私があなたに代わって、ご主人と交渉しますから、怒鳴り合いになって、傷つけられるということはなくなります」「お子さんに、これ以上、夫婦が言い争いをする姿を見せることはなくなりますよ」など、メリットを丁寧に説明することが重要です。
　協議段階では、「弁護士費用がかかるし、自分で話し合ってみます」という依頼者が多いのでは、と感じられる先生もおられると思いますが、いざ取り組みを始めてみると、協議段階でも弁護士に依頼したい、という需要が確実にあることが分かります。
　中には、「別の事務所では、自分で話し合ってください、と言われたのですが、先生に引き受けてもらえて、安心しました」という方もおられるのです。

## 8 「バックアッププラン」について

　協議段階からの代理人としての受任を進める一方で、我々は離婚の「バックアッププラン」というサービスを提案してきました。
　これは、3ヶ月とか6ヶ月とかの期間を決めて（あるいは期間を決めずに）、いわば顧問契約をして、継続的に離婚相談に応じるサービスです。費用としては、当初の3ヶ月を5万円として、4ヶ月目以降を1.5万円／月で設定することが多いです。
　協議段階でも弁護士に代理人として依頼したいという需要がある一方で、協議段階でも調停段階でも自分でやりたい、という需要もあります。それでは、こういう方が弁護士を必要としていないかというと、そうでもありません。
　通常、離婚問題を弁護士に相談に来られた方が、弁護士に依頼するということは、「代理人になってもらう」ことを意味します。しかし、相談者の中には「代理人になってもらうほどではないけれども、継続的にアドバイスが欲しい。助けて欲しい」という方も多いのです。
　この場合、多くの事務所では「継続相談」という扱いになると思います。実際に先生方の事務所でも、離婚相談の場合、5回も6回も継続相談に来られるという方もいると思います。
　しかし、この「継続相談」というのが、どうもお互いにとって、ミスマッチなのではないか、と思われました。
　弁護士の側では、継続相談は「依頼」ではないので、「責任」は発生していないと考えます。継続的にサポートしている感覚ではなく、たまたま、今回の法律相談は「前にも来た人」からの相談であった、ということに過ぎません。相談と相談の間に、何が起こっているかは、極端に言えば、弁

護士の関与するところではないのです。そもそも、引き続き、相談に来られるかどうかも分からないのです。

　ところで、相談者にとっても、これは不安な状態です。単発的なアドバイスは得られるものの、継続的にサポートを受けている、というわけではないからです。当然、いちいち予約を取って、相談に出向かなければなりません。

　バックアッププランは顧問契約ですから、弁護士は事件ファイルをつくって、継続相談に備えた準備をします。そして、契約期間中、時には電話相談も含めて、相談に応じます。

　開始してみると、やはり、バックアッププランは一定の需要があり、受任の２割程度がバックアッププラン、という事務所も出てきています。そして、当初はバックアッププランで契約して、その後、代理人として依頼される、というケースも出てきています。

　協議離婚段階での代理人サービスとともに、バックアッププランもサービスメニューに加えることで、離婚の相談者の様々なニーズに合わせたサポートができることになりました。

第2章 離婚・男女関係分野

# 9 離婚周辺のサポートメニュー

　相談者のお悩みごとに対してよりよい解決を実現させるという中では、弁護士の提供するリーガルサービスだけでなく、相談者のニーズに合わせた周辺分野でもサービスを付加していくという視点も重要となります。

　特に、協議段階の相談の場合、抱えている悩みごとは多種多様で、必ずしも離婚が成立すれば解決ということではないケースも見られます。また、仮に離婚条件が整っていたとしても、その後の生活設計が十分にされなければ、現状にどれだけ不満があっても、離婚に踏み出せないケースも多いものです。

　それらについて、法律事務所として直接的にサービスを提供できなくても、外部の専門家と連携して、サービスを開発していく方法もあります。

　我々のお付き合い先の事務所でも、下図のような離婚周辺のサービスをメニュー化しています。

　たとえば、離婚相談に来る方の中には、DVやモラルハラスメントの被害を受けられ、身体的・精神的に大きな負担を受けている方もいらっしゃると思います。弁護士が介入することで、相手方との交渉を代理し、離婚

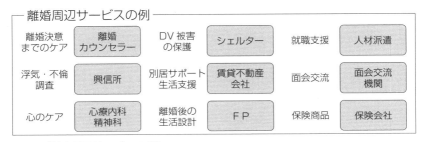

図3　離婚周辺サービスの例

が成立すれば解消できる部分も大きいですが、それ以上のサポートを必要とされるケースもあるはずです。そのような場合に、「他をあたってください」「ご自身でお探しください」ということではなく、「こんな機関がありますよ」と紹介できることは大きな強みとなります。

　最初から、これらの全ての周辺サービスを網羅的に付加していくことは難しいかもしれませんが、これらを1つずつ付加していくことで、「離婚分野に強い事務所」として、他の事務所にはない強みを形成していくことができます。

# 10 ライフコンサルティング

　前項でも述べましたが、離婚相談を受けていく中では、離婚が成立した後の生活をきちんと設計してあげることこそが、最重要課題となります。離婚はしたいと考えていても、その後の生活が不安で離婚に踏み切ることができないという方や、別居の進め方すら分からずに我慢を続けているという方も多くいらっしゃいます。そのような方に対して、先生方が適切な情報発信とアドバイスを提供することで、救われるケースも多いようです。

　実際に、我々がお付き合いをさせていただいている事務所の中で、相談者・依頼者から圧倒的に支持をされ、評判がよい、紹介がたえない先生に共通しているのは、「法的な問題」以外の領域についても、積極的にアドバイスをしています。

　特に、「離婚をするために何をすべきか」ということだけでなく、「離婚が成立した後にどのように生活をしていくのか」について、過去の事例を用いながら、具体的にアドバイスをしているのです。

　たとえば、配偶者との別居を考えた場合、ご実家に戻れる状況であればよいですが、そうではない場合では、賃貸物件を借りる必要性が出てきます。その際に、相談者ご自身で探してもらうのではなく、お知り合いの賃貸不動産業者を紹介してあげるだけでも、相談者からは喜ばれます（近年では、シングルマザー専門シェアハウスなどが整備されています）。

　また、離婚後の生活においては、職業が見つかるのかということが大きな課題となります。これについても、相談者ご自身で探してもらうこともできますが、人材派遣会社を紹介するだけでも、相談者に「そこまで考えてもらえるのか」と思われますし、他事務所との差別化、事務所の強みとなります。

このようなことを、総称して、ライフコンサルティングと呼んでいます。
　「弁護士が、そこまでやる必要があるのか？」と思われるかもしれませんが、これらも、たくさんの離婚相談をされている事務所で、「相談者が困っていることは何か？」「事務所としてサポートでいることは何か？」という検討から生まれてきたものです。
　是非、既存の弁護士業務、法律分野に限定せずに、検討していただければと思います。

## 11 離婚分野で効果があった プロモーション方法

　本章の冒頭に述べましたように、離婚分野のマーケティングは、他の分野と比較して、集客をしやすいと言われてきました。しかし、昨今では離婚分野についてもマーケティングを実施する事務所が増えてきたため、プロモーションについて工夫する必要が出てきました。これは都心部のみならず、地方都市でも同様の傾向です。
　本項では、2016年現在までに、離婚分野で効果があったプロモーション方法について、解説します。

### ①　ホームページ

　現在、最も効果を発揮しているプロモーション方法はWebマーケティングでしょう。
　離婚分野においても、まずは事務所のホームページの1つのコンテンツとして、離婚の記事が現れ、インターネット上での競合が激しくなると、専門サイトが出現するようになりました。
　現在では、検索エンジンで「離婚　弁護士」と検索すると、1ページ目に表示されるのは、ほとんどが離婚の専門サイトとなっています。
　これから離婚分野に力を入れたいとお考えの先生は、専門サイトをつくられることをお勧めします。

### ②　タウンページ

　ホームページと並んで有力な媒体は、タウンページだと思います。
　ホームページが少なかった頃は、タウンページが主力媒体でした。今では、都市部を中心にホームページにプロモーションの主役の座を奪われつ

つありますが、未だに特に地方都市では一定の効果があります。

### ③　新聞・雑誌・広報誌広告

　雑誌、タウン誌、フリーペーパーなど、紙媒体によるプロモーションも効果があります。特に、地方では、自治体の広報誌などは効果的です。

### ④　ラジオCM・テレビCM

　我々が知る限り、現在までのところ、離婚分野でラジオCMやテレビCMを打ち出している事務所はないように思います。しかし、債務整理や交通事故など、他の個人分野の経験からすると、実施すれば、一定の効果があると思われます。

## 12 離婚分野のプロモーションのポイント

　前にも述べましたが、離婚分野においては、当初は事務所のホームページを作成して、その中で離婚に関する内容を詳しく書いて、リスティング広告を行うだけで、朝から晩まで相談が入る、という状態になりました。

　しかし、現在では東京などの大都市を中心に、離婚のマーケティングに力を入れている事務所も増えていますので、プロモーションにも工夫が必要となっています。

　本項では、離婚のプロモーションの7つのポイントについて述べます。

### ① 対象となる困りごと、悩み、ニーズ

　離婚したいがどうしてよいか分からない、離婚を突きつけられて困っている、相手から言われた慰謝料の額が妥当かどうか分からない、相手が一方的で交渉にならない、DVの危険性もあるので怖い、などです。

### ② 基本的な情報提供を、依頼者目線で

　相談の項でも述べましたが、一般の人は、離婚に直面しても、何をどう考えればよいか、がよく分かりません。

　ホームページのような情報量を多くできる媒体では、基本的な情報提供を、依頼者目線で提供することが大切です。離婚できるかどうかの基準、子どもの問題、お金の問題などです。

### ③ 解決事例

　離婚のプロモーションにおいては、解決事例を記載することがきわめて重要です。解決事例を記載することで、依頼者はその事務所の実績が分か

るだけでなく、弁護士に依頼するメリットをイメージしやすくなります。
　また、弁護士に依頼をしてどのような結果が得られたかということだけでなく、依頼者の属性や相談に来られた経緯、弁護士の活動と得られた結果、解決のポイントなど、可能な範囲で、より詳しく書かれているページの方が、反響率は高まります。

④　サービスメニュー・料金表
　料金表がないと依頼者は「いくらとられるか分からない」と不安になってしまいます。前述のサービスメニューも掲載して、それぞれの方のニーズにあったサービスが提供できることを明示しておきます。

⑤　当事務所（または当職）が選ばれる理由、根拠
　弁護士の中でも当事務所が選ばれる理由を示します。取り組み姿勢、専門性、実績などです。
　また、弁護士に馴染みのない方にとって、法律事務所は敷居の高い場所であるので、そのハードルを下げるような、メッセージ、事務所方針を打ち出すことが効果的です。

⑥　弁護士紹介
　離婚事件の場合、弁護士がどんな先生であるか、ということが、依頼者が選択する際の基準として大きなウェイトを占めます。ですから、他の分野と比べて、弁護士紹介の重要性がきわめて高いのです。
　顔写真を掲載したり、親近感を感じてもらえるようなプロフィールを掲載することがとても効果的です。また、離婚事件への思いやポリシーなどを訴求することも効果的です。
　離婚の専門サイトなのに、「顔写真は掲載したくない」という先生がたまにおられますが、顔写真を掲載した場合に比べて、著しく反響率が落ちてしまいます。

⑦　お客様の声

　事件の解決イメージを持っていただけるだけでなく、弁護士の雰囲気、弁護士との関係、弁護士の対応などもイメージしてもらいやすくなります。なんと言っても、お客様の声が最も説得力があります。

　これらの要素を媒体に応じて、組み合わせます。ホームページなどは情報量を多く掲載できますので、これらを網羅的することができます。また、紙面が限られる広告やラジオ CM などでは、優先順位の高い項目を抽出して表現してください。

# 13 緊急性×ニーズで考える

　離婚分野のマーケティングを考える上では、相談者の状態を正しく捉え、今どのようなことでお困りになっているかを整理、分類して考えることが重要です。便宜的ではありますが、下記のようなマトリクスを用いて、整理すると分かりやすいと思います。

　縦軸に相談者のニーズが潜在的なものであるか、すでに顕在しているものか、横軸に緊急性が低いのか、高いのかという4象限に分類をして、マーケティングの仕方を考えます。

　たとえば、ニーズが潜在的である方に対しては、弁護士に相談をすることでどのようなお悩みが解消されるのか、弁護士に依頼をするとどのような活動をしてくれて、どんな課題が解決されるのか、といった訴求が効果的です。すなわち、これは潜在ニーズを顕在化させることで、弁護士のサービスを利用してもらう確率を高めるアプローチです。

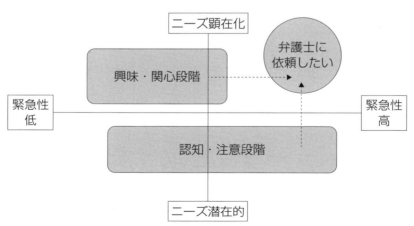

図4　離婚分野のマトリクス

また、すでにニーズが潜在化している方については、弁護士のサービスを説明するだけでは不十分で、「事務所の特長・強み」や「他の事務所との違い」などを訴求することで、この先生に依頼をしたい！　という意欲が高まり、依頼に繋げられるのです。これは、横軸の緊急性を高めるアプローチです。

　一口に離婚でお悩みの方と言っても、当然、様々な属性・状態の方がおり、それぞれの段階に応じて、求めている情報、欲しいサービスというのは異なります。

　是非、これらを踏まえて、プロモーションの内容、情報発信の内容を工夫してしてみてください。

# 14 離婚専門サイトでのプロモーション

　離婚のマーケティングにおいて、最も効果的なプロモーション媒体となるのが、ホームページです。特に、離婚でお悩みの方が知りたい情報に絞った、離婚専門サイトを運用することで、効果が最大化されます。

　実際に、我々のお付き合い先の法律事務所でも、離婚専門サイトを開設し、年間数百件の新規離婚相談を獲得している事務所も少なくありません。

　また、離婚の相談者の特性として、パソコンで検索する人よりも、スマートフォンを活用して検索し、サイトを閲覧する人の方が多い傾向にあります。商圏の特性にもよりますが、エリアによっては、7～8割程度の訪問数が、スマホユーザーが占める事務所もあります。

　以前は、パソコンで閲覧しているユーザーと比べ、スマートフォンで閲覧しているユーザーの方が、簡易的に調べていることで、相談の質が高まらなかったり、滞在時間が短かったりということがありましたが、最近ではその差自体もあまりなくなってきています。

　つまり、離婚専門サイトを立ち上げる場合には、パソコン用だけでなく、スマートフォン対応も必須であるということです。

　分野特化型のホームページをつくる場合に気をつけなければならないのが、ビジュアルばかりに気を取られてしまって、肝心のコンテンツ（原稿）が疎かになってしまうということです。多数のホームページを運用してきた結果言えることは、法律事務所のサイトにおいては、コンテンツこそが最も重要な要素となるということです（もちろんビジュアルが与える印象も重要であることは間違いありませんが）。

　そして、一般的な法律解説だけでなく、他のサイトに掲載されていないような、事務所オリジナルの要素があればあるほど、反響は得られやすく

なります。ホームページに入れるべき代表的なコンテンツについては、「離婚分野のプロモーションのポイント」の項にていくつか挙げさせていただいています。

　いずれにしても、インターネット上で検索をして、複数の事務所を比較して相談に来るということが前提となっている現代においては、「なぜこの事務所に相談するのか」という動機付けを相談者自身でしてもらうように、こちらからその理由を提示する必要があるのです。

# 15 離婚の紹介ルートとパンフレット

　離婚分野に注力している事務所においては、自社のホームページ経由での相談・受任が8〜9割を占めるケースが多いようです。それほど、離婚分野においてはインターネットマーケティングが効果的であるとも言えます。

　一部、ホームページ以外のルートから受任をしているケースでは、以下のような紹介ルートが見られます。

① 探偵・興信所

　法律事務所の扱う離婚相談と親和性があるのが、探偵・興信所の扱う浮気調査です。実際に法律事務所に相談に来られる方の中にも、すでに探偵を利用して、浮気の証拠を掴んでから相談に来られるケースも見られます。また、法律事務所に来られる方の中にも、探偵・興信所を紹介して欲しいというニーズもあります。

　信頼のできる探偵・興信所と連携をすることで、サービスが強化されるだけでなく、弁護士を必要としている相談者の紹介を受けられるケースもあるのです。

② 他士業からの紹介

　離婚事案を多く受任している先生方は、他士業（税理士、社労士、司法書士、行政書士など）の先生方からも紹介を受ける傾向にあります。

　離婚分野はパーソナルな問題であるため、なかなか周りに相談しにくいこともありますが、紹介者としても、より実績のある弁護士に紹介をしたいと考えるのが普通です。そのため、前述したような分野特化型のホー

ページを整備しておくことで、紹介のしやすい状況をこちらからつくり出すことも重要です。

③　パンフレット

　また、ホームページ以外の相談・受任ルートとして、パンフレットが機能するケースも見られます。これは、事務所に一度相談に来られた方の紹介であったり、事務所以外の場所に設置したパンフレットを取った新規の方であったりと様々です。

　ホームページ以外の紙媒体は、特に、人口の少ない地方商圏において効果的を発揮します。そもそも離婚分野に特化をしたパンフレットを作成している事務所もあまり多くありませんが、郵便局や病院といった、人が集まる場所に置いてあるというだけでも、事務所のブランディングに繋がったりしています。

## 16 離婚相談の新件受付のポイント

　これまで、離婚相談のポイント、サービスメニューのポイント、プロモーションのポイントについて述べてきましたが、意外と見落としがちなのが、新件の受付についてです。

　離婚分野の場合、必ずしも緊急性の高い方からの相談ばかりではないので、受付のやり方次第では、問合せから相談に至る確率が著しく下がってしまうのです。

　「もともと、緊急性が低い方は来所しても、受任にならないのでは？」と思われるかもしれませんが、そうではありません。来所していただいて、きちんと話をすれば、受任になることも多いのです。

　電話対応のオペレーションについては、事務所の人員体制や対応方針によっても異なるところですが、事務所によっては、法律相談の序盤で行っているような相談内容のヒアリングを、電話段階で行っています。

　また、弁護士が外出していて、電話対応できないことも多いので、離婚分野専任の事務局を配置して、電話問合せ段階で、きちんとヒアリングできるようにしている事務所もあります。１回の電話対応で15〜20分程度の時間を確保して、以下の項目について聞き取りをしています。

・相談者・配偶者のお名前（利益相反チェック）
・婚姻期間
・別居期間
・未成年の子どもの有無
・離婚したい理由
・残債（住宅ローンなど）

上記の内容は、先生方が離婚相談に入られた際に、最初に確認をしていく内容かと思いますが、それを電話問合せの段階で聞き取っています。それによって、事務所に来所される時点で、どのような点に注意してヒアリングするべきか、何に重点を置いてお話すべきか、想定される提案内容は何か、などを事前に考えておくことができます。

　相談者の方にとっても、相談内容の把握に時間を取られず、自分の相談したい内容を聞く時間、弁護士の提案を受ける時間を確保しやすくなるので、相談の満足度も高まります。

## 17 離婚分野の今後

　本章では、離婚分野のこれまでの取り組みについて述べてきました。

　離婚分野においては、徐々にではありますが、積極的にプロモーションを展開する事務所が増えてきたために、弁護士の需要が喚起され、関与率そのものも上がっています。同時に、他事務所との差別化や事務所独自の強みを持つ必要性も発生しています。

　また、協議離婚への取り組みやバックアッププランによって、受任となる事件も増え、依頼者にも喜ばれるサービス提供が行えると思います。

　しかし、これらの取り組みはまだまだ十分に浸透しているとは言いにくく、工夫の余地はまだまだあると思います。

　たとえば、ターゲットごと、より細分化された需要ごとに、相談やサービスを組み立てる動きも増えてきています。

　「モラハラ夫を持つ妻の離婚相談」「不貞相手への慰謝料請求」「50代のための離婚相談」、さらに「会社経営者のための離婚相談」などのサービスも出現しています。

　DVやモラルハラスメントなども、離婚に関連して、大きな分野を形成しています。DVやモラハラは、離婚事件の中でも、特に消極的な弁護士が多いと思われますが、きわめて深刻な問題であり、だからこそ、大きな潜在需要があるとも言えます。

　現時点では、離婚の専門事務所はまだまだ多くありませんが、「離婚に強い弁護士」「離婚の専門性が高い弁護士」というブランディングに成功した弁護士、事務所は相談が殺到している状態が続いています。

　今後は、離婚を専門とする事務所や弁護士がさらに増加していくことが予想されます。

離婚分野においても、依頼者は離婚事件の経験豊富な事務所を望む傾向にありますし、離婚事件を多数手がける先生においては、業務の効率化も図ることができるためです。

　さらに、今後は、単に「離婚事件に強い弁護士」「離婚事件に強い事務所」というだけでなく、より細分化されて、「男性側の離婚に強い事務所」「DVやモラハラに強い事務所」なども出現すると思います。

　離婚分野のマーケティングは、離婚件数全体から考えれば、弁護士需要が創造される余地はまだまだあると思います。

　また、弁護士マーケティングによって、弁護士需要が創造されるとともに、離婚分野が本章の冒頭に述べたように「離婚はちょっと…」という分野から、弁護にとってもやりがいがある分野になり、かつ、依頼者にも、より喜ばれるサービスが提供されるようになれば、と考えているところです。

# 第3章

## 相続分野

# 1 相続分野について

　相続分野は、個人の分野の中でも、先生方の熱い視線が注がれている分野だと思います。

　また、収益性の面でも、『弁護士業務の経済的基盤に関する実態調査報告書2010』においては、相続・遺言分野は39の選択肢の中で「収益性が高いと思う分野」という項目で3番目に順位されていました。

　相続分野の際立った特徴は、周辺サービス・周辺プレイヤーの多様さです。

　離婚に関連するプレイヤー、交通事故に関連するプレイヤーは、それほど多くはありませんが、相続は多くの周辺サービス・周辺プレイヤーが存在します。

　ビジネス誌がしばしば「相続」の特集を組む背景には、読者自身の老後や相続についての関心のためもありますが、ビジネスの観点から、国内市場が縮小する中、相続関連は数少ない成長市場なので注目されているためでもあると思います。

　周辺プレイヤーとして真っ先に思い浮かぶのは、当然、税理士、司法書士、行政書士など、士業の先生方ですが、不動産業界、金融業界、保険業界なども、相続に関連してビジネスを行っています。

　さらに、関連分野として、生前対策、高齢者問題まで含めると、周辺サービス・周辺プレイヤーは増えます。上にあげた業種・業界以外でも高齢者・相続関連の市場に注目したり、参入している企業が増えています。

　周辺プレイヤーが多いことが、弁護士業務にどのような影響があるのか？

　それは、クライアント側から見ると、相談先が多い、ということです。

先にあげた周辺プレイヤーが、それぞれ「相続相談」を行っています。クライアントはまず、弁護士以外のプレイヤーも含めて、どこに相続相談に行くべきか、というところから始まるのです。

　周辺サービス・周辺プレイヤーは、弁護士の先生方にとって、競合であると同時に、大切な協業先にもなりえます。

　そのため、相続のマーケティングを考える際には、弁護士の業務独占領域だけではなく、その周辺も含めて、相続発生時の需要（ニーズ）と、周辺プレイヤーのサービスについても考えることで、より発展的なマーケティングが展開できる可能性が出てきます。

# 2 相続分野の需要と弁護士の関与

では、この分野の需要について、数値を見ておきましょう。

まず、相続の発生件数そのものですが、厚生労働省の人口動態調査によりますと、2014年度の死亡者数は約127万人です。推移を見ると、1970年代は約70万人で推移し、その後、1980年代後半から多少の上がり下がりはありますが、増加し続けています。現在の高齢者人口の増加を考えますと、今後もしばらく増加傾向が続くと思われます。

また、相続分野の数値として、よく取り上げられるのは相続資産額ですが、某シンクタンクが毎年、発表しており、相続資産額の推計は約50兆円です。こちらも増加傾向にあります。

このように、相続に関連して、きわめて多額のお金が動くため、前に述べたように多くのプレイヤーが相続関連市場をビジネスの機会と考えているのです。

次に、現在、相続にどれぐらい弁護士が関与しているか、ということですが、はっきりした数値が分かっているのは、遺産分割調停事件の件数です。

『弁護士白書(2015年版)』によりますと、2014年のデータでは遺産分割調停事件は12,577件です。このうち、代理人弁護士がついている割合は71.3％ですから約9,000件、複数の被相続人にそれぞれ弁護士がついているケースが多いでしょうから、2倍として約18,000件となります。

過去10年間の傾向として、遺産分割調停事件は3.5割程度増加しており、弁護士の関与割合も約10％増加していますから、関与数は増加傾向にあると思います。

しかし、遺産分割協議の段階で、どれぐらい弁護士が関与しているかや、

遺言書作成など、生前の相続対策への関与についてのデータがありません。

　ただ、我々が弁護士の先生方とお話させていただいたり、相続の周辺プレイヤーも含めて、ヒアリング調査を行った結果から考えると、様々なプレイヤーの「相続相談」がある中で、弁護士は、相続人間の紛争がいよいよ泥沼化した「最後の最後に相談する相手」になっているのではないか、と危惧されます。

　相続の需要全体の中で、弁護士の関与割合を増やすためには、多くの先生がおっしゃるように「紛争になる前に」「泥沼化する前に」ご相談いただくケースを増やしていく必要があると思います。

# 3 遺産分割と周辺プレイヤー

　前にも述べましたように相続分野は周辺プレイヤーが非常に多いのですが、本項では、特に遺産分割協議に関連するプレイヤーについて、取り上げたいと思います。

① **税理士**

　税理士の先生の業務は、弁護士の先生から見て、とても分かりやすいと思います。相続税の申告を行っています。また、相続税と関係で、相続対策も行います。注目したいのは、相続税が発生する場合で、紛争性がない場合には、遺産分割や遺産分割協議書作成は税理士主導で進められる場合が多いことです。

② **司法書士**

　司法書士は主として、相続登記、名義変更に関与します。最近は、司法書士の先生も相続分野に力を入れる先生が増えており、登記だけではなく、相続人調査、相続財産調査を含めて、相続の手続全般についてサービス展開される事務所が増えています。この場合も、紛争性がない場合には、遺産分割協議書作成がサービスに含まれます。

③ **行政書士**

　行政書士も司法書士同様、相続手続全般のサービスを展開される事務所が増えています。

　司法書士が遺産分割協議書作成に関与するのは、登記が発生する場合に限られますが、行政書士は、登記が発生しない場合でも、遺産分割協議書

作成を行っています。

### ④ 信託銀行

信託銀行も、相続コンサルティング業務として、相続調査から遺産分割協議書作成、相続手続全般のサービスを行っています。

つまり、遺産分割（遺産分割協議書の作成など）において、紛争性がない場合には、弁護士以外の周辺プレイヤーがサービスを提供しているのです。

そして、多くの場合、弁護士は紛争が顕在化した「最後に相談する相手」というポジションになっています。

しかし、多くの先生が考えられるように、紛争性があるか否か、という判断はとても微妙です。そうであるならば、一見、紛争性が認められないような相続であっても、弁護士が関与することで、紛争の予防や、紛争が発生した場合に困らないための業務を提供できるのです。

# 4 相続手続サービスとは

　本項では、相続手続サービスについて、解説したいと思います。
　前項で述べましたように、相続手続サービスは、司法書士、行政書士、税理士、または民間企業の一部が提供しているサービスです。
　相続手続サービスに着目したいのは、弁護士が「最後に相談する相手」になりがちなのに対して、相続手続サービスのプレイヤーは「最初の相談相手」になることに成功しているからです。
　まず、相続手続とは何か、ですが、相続が発生した場合、被相続人は様々な手続が発生し、その種類は細かいものを合わせれば、100種類近くになります。
　代表的なものは、戸籍の収集、相続関係図の作成、相続財産の調査、遺産分割協議書作成、各種名義変更（預貯金、動産、その他）、各種手続（年金、カード、電気・ガス・水道などの公共料金関連）などです。これに、不動産登記申請や、相続税の申告が加わります。
　これら一連のサービスをワンストップで面倒を見ます、というのが、相続手続サービスです。
　多くはサービスの提供者が代行して行いますが、預貯金の名義変更などで本人しかできない場合は、それを側面支援するという形になります。また、相続税申告や、不動産登記など、資格者が必要な部分は、資格者の手配も相続手続サービスに含まれます。
　つまり、相続手続サービスのプレイヤーは、相続ではプレイヤーが多く、相談窓口が多いことを逆手にとって、「ワンストップ」を売りにしているのです。
　また、一般的な資格者が「資格がなくてもできること」は業務領域と考

えないのに対して、「資格がなくてもできること、本人でもできること、しかし、面倒なこと」をサービスの範囲に含めているのです。

ちなみに、相続手続サービスの費用は一般的な相続一式で15～30万円前後、遺産額や財産やサポートに応じて幅があり、中には40～60万という場合もあります。なお、相続税の申告や、不動産登記などの費用はこれとは別の見積になります。

相続手続サービスは、相続の紛争を業務領域としてきた、弁護士の先生方には、「そんなの自分でやればいいんじゃない？」と映るようで、この話をさせていただくと多くの先生方は、当初「そんなの成り立つのですか？」という反応をされます。

しかし、実際には、紛争性がなくても、財産の内容が複雑だったり、相続人の関係が複雑だったりすると、お金を払ってでも、誰かに代行して欲しい、という需要があるのです。

より、その需要をイメージしていただきやすいように、具体的なニーズを列挙すると、次のようなものがあります。

・被相続人自身も高齢であるので、煩雑な相続手続をまとめて、面倒を見て欲しい。
・前回の相続が完了していないため、多数の相続人がいて、相続が進まなくて困っている。
・相続財産に複数の不動産や株式が含まれていて複雑なので、遺産分割をどのように進めたらいいか分からず困っている。
・相続人が海外にいる、相続人に未成年がいる、相続人に前妻の子どもがいるなどで、相続がうまく進められなくて困っている。
・遺産分割の割合や方法について、相続人でうまくまとまらない。
・遺産分割の前提として、そもそも財産調査も財産評価も、やり方が分からない。
・被相続人が、事業主であったために、土地・店舗・非公開の株式、など

様々な財産があるが、法定相続どおりの相続をしていくと事業承継が困難になってしまう。
・相続人ではないコーディネータ（親戚やその他）が関わって絡まっていて、民法とは関係ないところで話が進んで困っている。

　上記を見て、お気づきになられたと思いますが、相続手続サービスには、単にややこしいから代行して欲しい、というだけでなく、紛争になりそうな要素があって、それを予防する意味で第三者に入って欲しい、という要素も多分に含まれています。
　現在、この相続手続サービスは、フランチャイズを展開する事業者が現れるまでになっており、中には数百の士業事務所が加盟しているフランチャイズも存在します。
　また、司法書士、行政書士などで、月間100件以上の相続手続を受任している事務所も出現しています。
　弁護士の業務領域のすぐ隣に、このような領域がある、ということです。

## 5 弁護士における相続手続サービスの導入

　さて、我々は、2008年頃から、複数の事務所で相続分野のマーケティングに取り組んできましたが、ここでも離婚分野と同様に、相談数を増やすことは簡単だったのですが、相談に来た人のニーズと、弁護士のサービスのミスマッチが起こってしまう、という課題がありました。

　相談数を増やすためには、「最後の相談相手」という存在ではなく、「最初の相談相手」になること、つまり、「相続で困ったことがあったら、何でも相談してください。紛争でなくても、相談してください」というアプローチが最も効果的です。

　しかし、実際に提供できるサービスが、紛争になった際の代理人サービスだけだと、離婚の場合と同じように、相談数が多い割に受任数が増えない、ということになってしまいます。

　そこで、当初、考えたのは、前に述べた相続手続サービスを、法律事務所でも導入する、ということでした。

　相続手続の相談が、紛争以外の相談を含んでいるとはいえ、その多くは紛争になりそうな要素があって、それを予防する意味で第三者に入って欲しい、という要素が多分に含まれている、ということは前に述べたとおりです。

　そうであれば、紛争の予防に業務領域を広げたい法律事務所にピッタリだと考えたのです。

　しかしながら、一部の事務所では、相続手続の導入がうまくいったものの、多くの事務所ではうまくいきませんでした。

　理由は2つあります。1つは、相続手続サービスでは、遺産分割協議において、複数の被相続人に公平な立場で受任するので、紛争になった場合

に、その案件を受任できない、という点です。

　弁護士の先生は、紛争の可能性について、他の資格者よりも相当シビアに考えますので、「これは紛争の可能性があるから、公平な立場で遺産分割協議をサポートすることはできない」「紛争になった場合、利益相反になる」「双方代理になる」ということで、スムーズに受任できないケースが多かったのです。

　もう1つは、相続手続サービスには、「手続の代行」が含まれることです。手続の代行業務は、一般的に弁護士が手がける紛争業務と比較して、作業時間当たりの生産性が低く、スタッフが効率的に作業する、という組み立てが必要になり、法律事務所の体質に合わなかったのです。

　そこで、「相続手続サービス」以外の方法で、紛争性の低い、または紛争以前の遺産分割に関与するサービスを検討することになったのです。

## 6 遺産分割の協議段階における弁護士のサービス

　離婚の場合と同じように、遺産分割においても、協議段階での相談は受任になる率が低く、協議段階のサービスを組み立てなおす必要がありました。

　しかも、前項で述べたように、他士業で提供しているような「相続手続サービス」は、法律事務所にはミスマッチな面がありました。

　結論として、現在は、遺産分割の協議段階におけるサービスとして、3つのメニューを作成しています。

### ①　遺産分割協議の代理人サービス

　離婚協議における代理人サービスと同じ発想です。協議段階であっても、すでに相続人間の関係が崩壊していて、話し合いたくない、自分で話し合ったら騙されそう、という場合に、弁護士に依頼したいという需要があります。

　遺産分割についても、離婚と同様に、サービスメニューを作成することが効果的です。

### ②　遺産分割協議のバックアッププラン

　一見、離婚協議におけるバックアッププランに近いのですが、やや発想が異なります。

　離婚におけるバックアッププランは「代理人になってもらうほどではないが、継続的にアドバイスが欲しい」というニーズから生まれたものですが、遺産分割の場合は、むしろ、「自分で相手と交渉するのが不安なので、代理人になってもらいたいが、こちらが代理人を立てると、完全にこじれ

てしまうおそれがある」というニーズから生まれたものです。

　そこで、遺産分割協議は自分で進めるものの、話し合うための遺産の調査を行い、遺産分割協議書の案を弁護士が作成したり、継続的にアドバイスを行うものの、代理人として、遺産分割協議に出かけていくことはしない、というバックアッププランを準備することになりました。

　遺産分割協議のバックアッププランは、離婚のバックアッププランと違って、着手金・報酬の形式で料金を設定していることが多いです。

　このサービスも、常に一定の需要があり、好評です。

### ③　遺産分割協議のサポートサービス

　このサービスは、前項に述べた、紛争になった時に困ったことになってしまう、というリスクがあるので、「導入したくない」「問題がある」という先生もおられます。

　しかし、うまく導入されている先生もいますので、記載しておきます。

　これは、特定の相続人から依頼を受けるのではなく、複数の相続人に公平な立場で、関与するサービスです。全員から委任状をもらっている事務所もあります。

　サービス内容としては、弁護士が遺産を調査した上で、遺産分割協議に立ち会います。

　その際、相続人全員に対して平等に民法や裁判例に基づく知識を提供して、そのアドバイスを基に相続人同士で話し合ってもらいます。

　そして、話し合いがまとまってきた段階で、遺産分割協議書の案を提示して、また、相続人間で検討してもらい、最終的な遺産分割協議書を作成します。

　その後に発生する手続については、相続人自身がやることもできるし、弁護士がサポートすることもできる、という位置づけです。

　手続まで含めて弁護士が行う場合は、登記移転、預金の解約、株式の名義変更、保管振替手続など、様々な手続を行って、財産を処分した結果を

財産目録にまとめて、相続人がそれぞれ何を受け取るかを全員に提示して、最終的な財産の引渡しや、現金の分配まで行うこともあります。

　このように、遺産分割の協議段階における弁護士のサービスも、需要に合わせて、複数のメニューを準備することで、ミスマッチが解消され、業務領域を広げることができています。

## 7 紛争を中心とした遺産分割のワンストップサービス

　相続手続サービスが、法律事務所では、成功事例が少ないことは前に述べました。そこで、我々が次にご提案し、成功事例が出ているのが、「紛争を中心とした遺産分割のワンストップサービス」です。
　これは、相続手続サービスが、「相続が発生したら、何でも相談してください」というスタンスであるのに対して、「相続で、揉めごとが発生したり、揉めごとが発生しそうであれば、何でも相談してください」という、ニーズを紛争に限定したものです。
　こうすることで、単なる手続だけの相談はほとんどなくなり、法律事務所が得意ではない作業ベースの案件を排除し、他士業との価格競争にも巻き込まれなくなります。
　ニーズは紛争に限定していますが、ワンストップサービスが従来の弁護士業務と違うのは、法律面だけでなく、税務面、そして、不動産の面に応えていく、という点です。
　そのためには、相続に強い税理士事務所、そして、不動産鑑定士事務所、不動産業との連携が必須となります。
　我々の経験上、相続に強い事務所、または相続のワンストップサービスを目指す場合、不動産に強い、ということが非常に重要であることが分かりました。相続紛争の多くは、相続財産に不動産が含まれています。特に、相続財産が多い場合、不動産の割合が多いのが日本の特色でもあります。
　遺産分割の提案において、不動産に精通しているかどうかによって、大きく差別化できることになります。相続に強い事務所を目指す、ということは、不動産に強い事務所を目指す、ということでもあると言えると思います。

したがって、弁護士自身が不動産について精通すると同時に、不動産鑑定士事務所、不動産業と連携することがきわめて重要です。これは、不動産の評価が、評価する人で大きく違ってくるためです。

　もちろん、相続に強い税理士事務所との連携も重要です。

　実は、税理士事務所（会計事務所）の中でも、相続に強い事務所、相続税に強い事務所は、少ないのです。単純に計算すれば明らかなことですが、年間で相続税申告を１件もやらない、という事務所も多いのです。

　相続のワンストップサービスを目指すのであれば、年間で相続税の申告を少なくとも20〜30件程度は行っている事務所を提携先としなければなりません。

　相続に強い不動産鑑定士事務所と不動産会社、そして、税理士事務所と緊密に連携して、ワンストップサービスが提供できれば、他の事務所と大きく差別化することができます。

# 8 遺言・後見・高齢者の法律問題

　相続と隣接する法律問題として、遺言、後見、高齢者の法律問題があります。

　日本は超高齢化社会を迎えているため、死亡者数も増加していますが、後期高齢者も同様に増加しています。

　『平成28年度版高齢者白書』によると、我が国の総人口は2015年で約1億2,700万人、65歳以上の高齢者人口は約3,400万人です。総人口に占める65歳以上人口の割合（高齢化率）は26.7％。また、75歳以上の後期高齢者は約1,640万人、総人口に占める割合は12.9％です。このように高齢化社会は進みます。また、2025年問題として多死社会が挙げられており、この高齢多死社会は、今後も続きます。

　そのため、相続分野と並んで、これらの高齢者に関わる成年後見や財産管理、そして、遺言分野も、現在の成長分野となる見込みが高いと言えます。

　たとえば、日本公証人連合会の発表では、公正証書遺言の件数は、2005年は69,831件でしたが、2014年には104,490件となり、約150％も増加しています。

　しかし、相続問題と同様に、これらの高齢者に関わる成年後見や財産管理、そして、遺言分野も、他士業をはじめとする周辺プレイヤーが多く、必ずしも弁護士の関与が増えていない状況です。

　遺言作成に、弁護士がどの程度関与できているのか、という統計データはありませんが、行政書士、司法書士のみが関与しているケースも多く、弁護士の関与は限定的であると思われます。

また、2007年に信託法が改訂されてから、民事信託、遺言信託の分野も注目を集めています。

　我々のお付き合い先の事務所の中にも、先行して民事信託を研究し、いち早くこれを相続に活用している事務所も出てきています。
　相続の隣接分野である高齢者に関わる成年後見や財産管理、遺言分野は、高齢多死社会が継続する中で、まだまだ発展途上の分野ですし、これから様々なリーガルサービスの開発余地が大きい分野であると思います。

# 9 多職種連携による成年後見モデル

　高齢化が進む中で、認知症の方など高齢者に対する成年後見のニーズが高まっています。厚生労働省の発表によると認知症患者数は、2010年時点で200万人以上に達しており、2020年までには325万人以上に増えると予測されています。

　そのような状況の中、成年後見制度の利用を促進するために、2016年4月には「成年後見制度の利用の促進に関する法律」「改正民法及び家事事件手続法（成年後見の事務の円滑化を図るための民法及び家事事件手続法の一部を改正する法律）」が続けて成立されました。また、内閣府においても「成年後見制度利用促進会議」が設置されました。

　その一方で、後見人による財産の横領問題が多発しており、最高裁判所事務総局の発表によると、2014年の被害総額は45億7千万円にものぼっています。

　最高裁判所事務総局の2015年の発表によると、親族以外の第三者が成年後見人などに選任されたものは、全体の約70.1％と前年より約7.8％増加しています。内訳は、弁護士が8,000件と前年よりも約14.9％の増加、司法書士が9,442件と前年よりも約8.3％の増加、社会福祉士が3,725件と前年よりも約10.2％の増加となっています。

　後見申立ての動機としては、①預貯金の管理・解約、②介護保険契約（施設入所などのため）、③身上監護、④不動産の処分などであり、これに関連して、成年後見以外にも弁護士が関与すべき問題が付随していることも多いのですが、残念ながら、まだまだ弁護士が第一の選択肢になっていない状況です。

　また、弁護士側の事情としても、成年後見の業務は報酬に対して、業務

量が多く、積極的に多数の案件を受任するインセンティブが働きにくかった面もあると思います。

そんな中、我々が注目しているのが、弁護士・社会福祉士・パラリーガルの多職種連携によるワンストップサービスモデルです。

このモデルでは、弁護士が全体管理・最終判断・確認業務を行うことを前提として、財産管理・法的問題を弁護士が担当、身上監護・定期訪問・本人対応を社会福祉士が担当、事務手続・金銭出納・報告書作成対応をパラリーガルが行います。

社会福祉士とは、介護福祉士、精神保健福祉士とともに三福祉士と呼ばれる国家資格です。社会福祉士は、「専門的知識及び技術をもって、身体上もしくは精神上の障害があることまたは環境上の理由により日常生活を営むのに支障がある者の福祉に関する相談に応じ、助言、指導、福祉サービスを提供する者または医師その他の保健医療サービスを提供する者その他の関係者との連絡及び調整その他の援助を行うことを業とする」資格者です。

前にも述べましたように、社会福祉士が単独で後見人になっているケースは司法書士、弁護士に次いで多いのです。社会福祉士は、特に保険制度や行政対応、医療機関・福祉施設などの対応に強みを持っており、弁護士が社会福祉士と協同して後見業務に当たるメリットは大きいといえます。

現在、いくつかの事務所において、この弁護士・社会福祉士・パラリーガルの多職種連携によるワンストップサービスは、①それぞれの資格者の強みを生かすことができる、②弁護士は全体の管理と法的分野に特化できるため、業務が効率化できる、という両面で非常にうまくいっているといえます。

まだ、全国的にも、このような多職種連携によるワンストップサービスに取り組まれている事務所は少ないのですが、今後のさらなる高齢化を考えると、後見とそれに関連して弁護士が関与すべきケースはますます増加すると考えられます。

是非、多職種連携によるワンストップサービスの導入を検討いただければと思います。

# 10 潜在的な成年後見の需要を発掘するには

　現在、成年後見の申立件数は増加傾向にありますが、高齢化の進行ペースを考えると、潜在的にはもっと多くのニーズがあると考えられます。
　このような潜在的なニーズを発掘するためには、「後見を申し立てたい」というニーズが顕在化している人向けのマーケティングだけでは不十分であり、「こういう場合には、後見という方法が使えますよ」というマーケティングが必要です。
　また、後見分野は、ご本人が希望されて、ということは少数ですから、ご家族や介護、福祉、医療の関係者に向けた情報発信が必要です。

### ①　介護事業者

　介護施設や訪問介護事業者、ケアマネージャーなどです。
　最も一般的な方法は、これらの介護事業者向けに勉強会を開催することです。勉強会を実施する前には、ケアマネージャーの方へのヒアリングを実施することも有効です。主なヒアリングの例としましては「入居者やその家族から、相続・遺言・成年後見についての質問を受けることがあるか」「入居者やその家族から相続や遺言について聞かれた際にどのような対応をしているか」といったように後見や相続に関してどのような相談を受けているかを把握することで、勉強会の内容をより充実させることが可能です。

### ②　障がい者福祉施設

　介護事業者との違いとしては、幅広い年代の方を支援していることが挙げられます。そのため、成年後見だけでなく、信託などのサービスが必要

になることもあります。アプローチ方法としては、介護事業者と同様に、勉強会が最も一般的です。

職員向けの勉強会で理解が得られたら、ご家族向けの勉強会を開催させてもらうのも、効果的な方法です。

### ③ 病院などの医療機関

病院にアプローチする場合は、地域連携室や福祉相談室、ソーシャルワーカーが担当となります。これらの部署では、治療のことだけでなく、保険や費用、生活面の相談に応じています。

介護事業者、障がい者福祉施設、医療機関と一口にいっても、それぞれ様々なタイプの事業者があります。患者さんや利用者の層、状況もそれぞれ違いますし、提供しているサービスも違います。

アプローチする際は、それぞれの事業者のサービス内容や特徴を事前に調べて把握しておくことが望ましいといえます。

## 11 相続分野で効果があったプロモーション方法

　相続分野は、個人の分野の中では、受任ルートに占める広告宣伝などのプロモーションの割合が低い分野となっています。逆にいうと、紹介ルートづくりなどが効果を発揮しやすい分野となっています。

　しかし、もちろん、プロモーションも一定の効果がありますので、これまでに効果があった方法について、以下に記載いたします。

① 　ホームページ

　相続分野は、他の個人分野に比べると、ホームページからの導入比率は低いのですが、それでも、都市部ではメインの受任ルートにすることができます。

　前にも述べましたように、相続分野は周辺プレイヤーが多く、インターネット上でも、他のプレイヤーの「相続相談」が混在していますので、周辺プレイヤーとの違いを明確にPRしていく必要があります。

② 　タウンページ

　タウンページ広告は地方では効果的でしたが、都市部では効果的ではありませんでした。また、近時、インターネットの活用が進んだためか、タウンページの効果は以前よりも落ちています。

③ 　チラシ（新聞折込、ポスティング）

　チラシ配布も一定の効果がありました。特にホームページでのアクセスが難しかったと思われる高齢者層のアクセスに効果的でした。特に、相談会を開催する場合には、チラシ配布とのセットになります。商業施設など

で行う相続の相談会も、効果的なプロモーション方法です。

④　新聞・雑誌・広報誌広告

　チラシ配布と同様に、高齢者層のアクセスに効果的でした。特に、地域によっては、自治体の広報誌での広告がきわめて効果的な地域もありました。

⑤　テレビCM・ラジオCM

　相続分野も、現在までのところ、ラジオCMやテレビCMをうっている法律事務所はないように思います。しかし、一部の税理士事務所が、相続分野でラジオCMをうったり、番組提供を行っています。法律事務所でも、継続的に実施すれば、一定の効果があると思われます。

⑥　相談会

　商業施設や公民館などでの相談会ですが、相続分野に関しては、一定の効果がありました。
　その際には、周辺地域にチラシなどに事前の告知を行って実施します。

# 12 相続分野の紹介ルート

　相続分野は、他の個人分野に比べると、紹介ルートからの受任割合が多いことは、前に述べたとおりです。周辺プレイヤーが多いため、これらの周辺プレイヤーと上手に協業できれば、紛争案件の紹介を得られるケースが多いためです。

① **士業事務所**

　士業事務所は弁護士業務の様々な分野で効果的な紹介ルートですが、相続分野は特に紹介を得やすい分野であると思います。

　税理士も司法書士も、相続に力を入れている、相続に強い事務所は限られます。税理士は会社の記帳と決算申告がメイン、司法書士は不動産登記がメインですので、相続はそれぞれの資格の中心的な分野ではないのです。そのため、相続に力を入れている、相続に強い事務所は限られており、逆にいうと、それらの事務所に相続業務が集中していますので、各地域で、相続に強い士業事務所と協力関係が築ければ、有力な紹介ルートになります。

　また、これらの事務所と協力関係を築くことができれば、紹介もさることながら、こちらのサービス内容も強化できて、依頼者に対して、よいサービスを提供することにも繋がります。

② **不動産業**

　相続に際しては、不動産の売却が発生することが多いため、不動産業からの相続のご紹介も少なくありません。他士業の次に優先順位が高いのは、不動産業であると思います。

③　金融機関・郵便局・JA

　相続や事業承継の紹介ルートとして、金融機関は思いつきやすいのですが、攻略がなかなか難しい相手です。

　特に、地方都市では、相続に強い弁護士や税理士の先生は、JAを有力なルートにしておられることが多いようです。

　すでに有力事務所が入り込んでいるケースも多いのですが、地域によってはチャンスがあるので、チャレンジしていただきたいところです。


　ちなみに、遺言・後見・高齢者の法律問題は、相続分野よりも、さらに紹介ルートからの受任割合が多い分野です。

　後期高齢者が自身で、たとえばインターネットで検索して、弁護士を探したりしない、ということは想像していただけると思います。

　そして、遺言・後見・高齢者の法律問題は、相続分野とは紹介ルートが異なり、介護関係者、高齢者福祉の関係者が中心となります。

# 13 相続のお問合せ対応のポイント

　他の分野の章では、相談のポイントの項目はあっても、お問合せ対応のポイントの項目はないのですが、相続では特別にお問合せ対応の項目を設けました。

　それは、相続のマーケティングを始めた当初、お問合せ対応で苦労されることが多かったからです。より具体的には、相続の場合、お問合せ数に対する相談数（来所数）が、他の分野に比べて、低くなる事務所が多かったのです。

　実際にお問合せ内容を分析してみると、考えられる要因は大きく２つありました。

　１つ目は、相続分野では、相談というよりも、自分が聞きたい部分だけ聞きたい、というお問合せが多いことでした。極端な場合は、名前も名乗らずに、自分の聞きたい部分だけ、電話でいろいろと質問され、来所に至らないケースがずいぶんありました。

　２つ目は、「電話で相談したい」というケースが多く、電話で長々と相談されて、結局、来所相談に至らない、というケースも目立ちました。離婚相談では、「（感情的なことも含めて）とりあえず、私の話を聞いて欲しい」と来所される相談者が多いのに対して、相続相談では、なぜか「電話で相談したい」というケースが多かったのです。

　結論から先にいうと、お問合せ対応のポイントは、電話で５分以上は話さずに、来所相談に誘導することであると思います。

　そのためには、たとえ電話の相手が聞きたいことだけを聞こうとしても、電話で相談を始めても、いったんそれを制して、こちらのペースで必要事項を聞き取っていくことが重要です。

その際の説明としては、相続は複数の相続人が関与するため、全体像を把握しないと、利益相反になるおそれがある、また、全体像を把握しないと適切なアドバイスができない、ということになります。

　ホームページや広告媒体から相談を得る場合は、ホームページや媒体に、最初からその旨と来所相談のメリットを示しておくことで、上記の課題の相当程度はクリアされます。

　さらに、これは本来、費用設定の項目に記載すべきことですが、初回相談を無料とすると、来所相談への誘導がより、やりやすくなります。

　相続相談は、周辺プレイヤーも含めて、クライアントには多数の選択肢があり、弁護士以外のプレイヤーの相続相談は、ほとんど全て無料であるためです。

　弁護士だけが、有料相談ですと、来所相談のハードルが必要以上に上がってしまい、かえって電話で長々と相談されるなど、非効率な結果になってしまうのです。

# 14 効果的な相続相談のポイント

　相続相談も、離婚相談と並んで、時間がかかる相談の1つだと思います。
　特に初回相談は30分で終わるケースは少なく、1時間、場合によっては2時間近くかかるケースも多いと思います。
　相続相談についても、効率的または効果的に進める方法に、いろいろと挑戦してきました。
　離婚相談と重複する項目もありますが、相続の場合は、離婚のように夫婦2人の問題ではなく、相続人が大勢の場合があり、さらに相続人ではない親戚や、周辺プレイヤーがアドバイザーとして複雑に絡んでいたりするので、それらを整理するのが、大切なポイントになってきます。
　相続相談にも、いろいろな先生に同席させていただきましたが、この分野も、相談が上手な先生とそうでない先生で、大きな差が出る分野であると感じます。
　以下に、効果的な相続相談の4つのポイントを順に述べていきます。
　なお、ここでの相続相談は、生前の対策などの相談ではなく、遺産分割の相談を前提としています。

① 事前に相談票を書いてもらう

　これは離婚相談の場合と同様です。相続関係図と財産が事前に把握できていると、相談の効率は一気に上がります。
　なお、相続相談の場合、遺産分割協議に当たって、そもそも相続人または相続財産がよく分からない、というケースがありますが、まずは、相続調査を引き受けるのも1つの方法です。

相談日：平成　　年　　月　　日

## 法律相談票（相続関係）

ご相談者氏名：_____　（相続の発生する方との続柄：_____）

相続の発生する方の氏名：_____

1．相続の発生する方についてのご質問
　　□　ご存命
　　□　死亡日　　　年　　月　　日
　　　　亡くなられた時の住所地（　　　　　　　　　　　　　　　　　　）

2．遺言書　　　有（公正証書　／　自筆）／　無　／　不明

3．遺産に関するご質問（相続の発生する方の財産を分かる範囲でお書きください。）
　　不動産：土地　　　　　有　／　無　（約_____万円）
　　　　　　建物　　　　　有　／　無　（約_____万円）
　　　　　　マンション　　有　／　無　（約_____万円）
　　　　　　住宅ローン　　有（残額_____万円）／　無　／　不明
　　現　　金：_____円
　　預貯金：_____円
　　株　　式：有　／　無　／　不明
　　生命保険：有（金額_____万円、受取人：_____）／　無　／　不明
　　負　　債：有（金額_____万円）／　無　／　不明

4．生前の介護や生前の贈与などの事情
　（1）相続の発生する方をご家族の方が介護していたなどの事情
　　　　　有（氏名_____）／　無　／　不明
　（2）相続の発生が発生する方から高額な贈与を受けた方
　　　　　有（金額_____万円、氏名_____）／　無　／　不明
　　　　　有（金額_____万円、氏名_____）

5．遺産の分割方法に関するご質問
　（1）遺産分割の方法について希望：　有　／　無
　（2）遺産分割の方法について希望がある方は、可能な範囲で具体的にお書きください。

6．その他のご相談内容（ご自由にお書きください。）

## ② ロードマップ表に沿って、相続関係図に書き込みをしながら、相談を進める

相続相談では、相談票以外に、ロードマップ表を活用すると、実に効率的に相談が進められます。

それと、遺産分割の相談の場合には、事前に相談票に相続関係を書いてもらった上で、大きな紙に相続関係図を書いて、そこで、相続人のコメントや対立構図を書きながら、進めるのが効果的です。相談票は多くの場合、A4サイズだと思われますので、その中の相続関係に、いろいろ書き込みをしていくのは無理が出てきます。

## ③ いくつかのシナリオを示す

離婚相談と違って、相続相談の場合、相続人が多かったり、相続人同士のコミュニケーションがほとんどなかったりするため、今後の事件の進行について、複数のシナリオが考えられることになります。

多くの先生の相続相談に同席させていただいた結果、相続相談が上手な先生は、このシナリオを示すことが上手であることが分かりました。

このシナリオ自体は当たることも当たらないこともあるのですが、「相手がこう出てくるケースでは、このように対応する必要がある」または「相手がこう出てくる可能性があるから、私はこういう対応はすべきではないと思う」といったお話をすることで、相談者は、「自分は、そこまで考えていなかった」「自分は、そのようには考えていなかった」となり、「この先生にお願いした方がよさそうだ」と感じる、というわけです。

ですから、実際には、相手がどう出てくるか分からないケースでも、いくつかのシナリオとその対応を示すことが大切であると思います。

この部分を、「相手が、こう出てくる可能性もあるし、こう出てくる可能性もあるので、そうなったら、また、相談に来てください」というふうに対応してしまうと、受任には至りにくいと思われます。

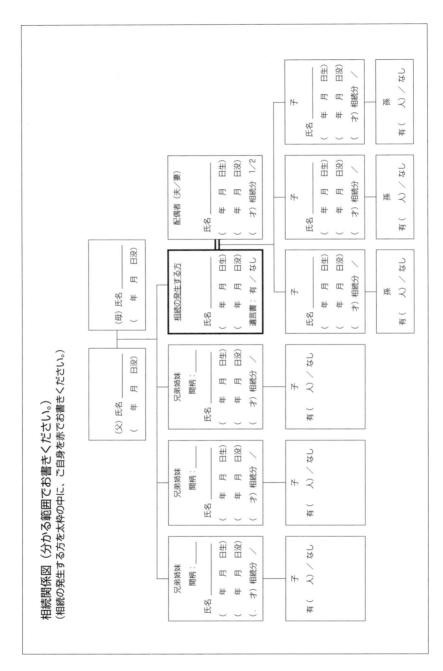

### ④ サービス内容と料金を提示する

これも、離婚相談で述べたことと同じです。弁護士が提供するサービス内容を提示します。

また、「まずは、自分でやってみてください」とか「こうなってしまったら、また、相談に来てください」と言われるよりも、「弁護士に依頼していただければ、こうして差し上げますよ」と提案された方が、親切に感じられる場合も多いのです。

それと、相続相談は、相続税や不動産など、弁護士の専門領域外のことも関連しており、クライアントにとっては、それらの悩みも一体なので、これらのテーマにも一定の対応ができると、より信頼感がアップして、受任にも繋がりやすくなります。

# 15 相続分野の今後

　相続分野のマーケティングも、今後の様々な可能性が見えてきています。
　1つ目は、前に述べました、遺産分割協議段階からの受任をより増やしていく、という方向性です。
　2つ目は、周辺プレイヤーと連携したワンストップサービスです。相続手続の項で、ワンストップサービスが支持されていることは述べました。また、我々がコンサルティングをさせていただいている事務所でも、相続税や不動産など周辺知識が豊富な先生は、相談の受任率も非常に高くなっています。
　しかし、法律事務所が単独で、相続に関するサービスをワンストップで提供するのは、多くの場合、難しいものと思われます。そこで、税理士、不動産鑑定士、不動産業など、周辺プレイヤーと協業して、ワンストップサービスを提供する、という方向性が出てきます。
　前にも述べましたように、すでに、全国でモデルケースが出てきていますが、今後、このような協業モデルはますます増えるものと思われます。
　3つ目は、遺言書作成も含めて、生前の相続対策・高齢者の法律問題への展開です。
　前にも述べましたように、公正証書遺言の作成件数はこの10年で約150％も伸びています。
　相続対策の分野は、弁護士よりもはるかに、税理士、不動産業、金融機関、保険会社といったプレイヤーがシェアを持っており、弁護士の関与はきわめて限定的です。
　アメリカでは、トラストが弁護士の一大分野になっていることを考えると、日本でも今後、大きな分野になる可能性は十分にあると思います。

また、相続分野においても、今後、相続専門事務所、相続の専門弁護士が出現するものと思われます。

　すでに、税理士（会計事務所）においては、相続・事業承継分野は、特に大規模なものについては、全国的にも、特定の事務所に集中しつつあります。弁護士においても、相続分野は、専門事務所に大規模な相続・事業承継が集中するようになる、ということは十分考えられると思います。

　そして、そのような事務所をつくるためは、他の資格領域も含めて、自前または協業によって、ワンストップで相続や遺産分割、生前対策に応えられることが要件であると思います。

# 第4章

## 交通事故分野

# 1 交通事故分野について

　交通事故分野には、被害者（原告）側、加害者（被告）側、保険会社の代理人がありますが、被害者（原告）側と、加害者（被告）側、保険会社の代理人では、まったく事業領域が異なるため、本章では被害者側について述べます。

　当然、突然の事故によって「被害者」になり、弁護士を必要とする個人に対するマーケティングミックスと、常時、弁護士を必要とする交通事故事案を抱えている特定少数の保険会社に対するマーケティングミックスは、違ったものになります。

　ちなみに、企業法務の項目でも述べますが、交通事故における保険会社の代理人業務のように、常に同種の案件が多数発生するような業務は、いわゆる「営業活動」を行いやすい業務の類型です。たとえば、ある損保会社の特定のサービスセンターの依頼を受けている場合に、別のサービスセンターを紹介してもらって、営業活動をしかけていくなどです。

　交通事故の被害者側のマーケティングは、この数年間で、急速に進歩した感があります。

　過払いブームが終焉を迎えたため、一時的に債務整理・過払いに軸足が移っていた町弁事務所が、再び、交通事故と離婚・相続などの家事事件にもウェイトをかけ始めている、という事情もあると思います。

　我々は2007年頃から、複数の事務所で交通事故分野のマーケティングに取り組んできました。2007年当時は、交通事故に特化してマーケティングを行う事務所はきわめて少数でしたが、それから10年が経過した2016年現在では、インターネット上には弁護士による交通事故の情報が飛躍的に増加し、交通事故の専門ホームページも増えました。

「交通事故専門」をPRする先生も増え、中には、交通事故被害を専門に年間数百件も受任する事務所も出現しています。

交通事故のマーケティングによって、被害者は明らかに以前よりも、様々な情報を入手しやすくなっていますし、被害者を巡る状況は明らかによくなっていると思います。

本章では、交通事故被害について、現在までのマーケティングの取り組みとその成果、今後の可能性について、述べたいと思います。

## 2 交通事故被害の需要と弁護士の関与

　交通事故分野のマーケティングについて解説する前に、交通事故分野の概況を数値的に把握しておきましょう。

　まず、交通事故の発生件数そのものですが、総務省統計局の資料によると、2014年の交通事故の発生件数は57万件余りとなっています。2005年の発生件数が93万件余りですから、10年間で約36万件の減少となっています。また、この間の死亡者数は6.6百件余りから約4千人に減少しています。

　しかし、日本損害保険協会の「自動車保険データにみる交通事故の経済的損失の状況（2012年4月～2013年3月）」によると、自動車事故そのものの減少にもかかわらず、その経済的損失額は、高止まりしています。

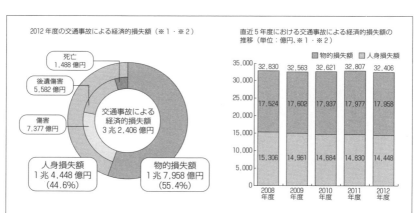

図1　交通事故被害規模に関する参考資料①

第4章 交通事故分野

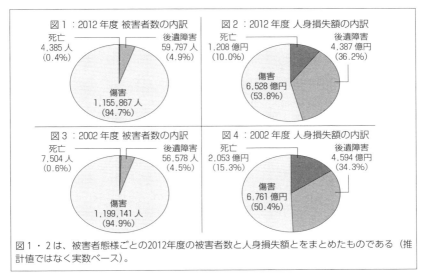

（出典）日本損害保険協会HPより

図2 交通事故被害規模に関する参考資料②

　また、2002年と2012年の被害者の内訳の比較では、後遺障害の残る被害者数は増加しています。

　このうち、実際にどの程度、弁護士が関与しているのかが問題なのですが、これについてはっきりしたデータはありません。我々がいろいろと弁護士の先生方や損保関係の方とお話する中では、70％以上が弁護士や裁判所、あるいは紛争処理センターの関与なしで解決しているものと思われます。

　ただ、非常に興味深いことに、交通事故の発生件数は2005年の90万件台から2014年には約57万件にまで減少していますが、地裁と簡裁を合わせた新受件数の合計は、11,597件から31,454件にまで増加しているのです。

　交通事故被害への弁護士の関与の歴史については、先生方がよくご存知のとおり、1974年に示談代行保険制度が登場して以来、激減しました。保険会社の示談代行員による示談で解決されることが圧倒的に多くなったためです。

97

たとえば、東京地裁のデータでは、民事交通事故訴訟新受件数は、1970年に2,185件でピークを示しましたが、1975年に1,000件を切り、その後しばらく数百件で推移しました。
　その後、1986年から増加傾向に転じ、2000年に1,000件の大台を回復、2003年には1,394件となり、2010年には1,485件となっています。
　交通事故被害のマーケティングを考えることは、すなわち、歴史的に、保険会社主導による解決に移ってしまった交通事故の問題解決を、弁護士の側に取り戻すアプローチという部分が少なからずあります。
　我々も、この10年間で100件近くの法律事務所と一緒に交通事故のマーケティングに取り組み、また、そのことの情報発信を続けてきました。そのタイミングは、ちょうど弁護士が大増員され、また、債務整理分野の仕事が減少したタイミングだったこともあり、多くの先生が交通事故分野に注力されるタイミングでもありました。
　この10年間の交通事故の訴訟件数の伸びは、弁護士がマーケティングを行うことで、弁護士の役割を広く知らしめ、需要を喚起できたことを示していると思います。

## 3 交通事故被害における情報格差

　前項で、交通事故被害のマーケティングを考えることは、すなわち、歴史的に、保険会社主導による解決に移ってしまった交通事故の問題解決を、弁護士の側に取り戻すアプローチである、と述べました。

　我々が、保険会社主導の解決ではなく、弁護士が関与した方が被害者のためになるのでは、と考える理由は、示談交渉における、被害者と損保会社の圧倒的な情報格差によります。

　我々は、交通事故のマーケティングに取り組み始めた直後、交通事故の損害賠償における裁判基準と自賠責基準や任意保険基準の違いの話を聞いて、衝撃を受けました。

　前にも述べましたように、どんな分野でも、マーケティングに取り組み始めた初期のポイントは、いかに一般の人には分かりにくい弁護士の業務を「見える化」するか、特に弁護士に依頼するメリットを「見える化」するかにあります。

　交通事故相談員歴20年という先生に「交通事故被害の分野で、依頼者が弁護士に依頼するメリットは何ですか？」と聞いたのですが、その先生は「それは、弁護士が入ると、損害賠償の額が大幅に上がることです」と答えられたのです。続けて、「普通、1.5倍から2倍は上がります。大きい場合だと3倍以上上がることもあります」と言われました。

　「それは言い切れるのですか？」と聞くと、「言い切れます」と言って、交通事故の損害賠償における自賠責基準と任意保険の基準、そして裁判所の基準にどれだけの開きがあるか、ということを教えていただいたのでした。

　「保険屋さんが提示してくる示談金額は、だいたい自賠責基準とか任意

保険の基準です。ですから、弁護士が裁判基準をもとに交渉すれば、ほとんど全てのケースで上がるのです」とのことです。

　このお話を聞いた時は大衝撃を受けました。だって、知らない人は、丸損じゃないかと…。

　「いやあ、そうなんですよ。たいていの被害者は、保険屋さんに、こういう基準ですから、と言われると、そうなのかな、と思って示談に応じてしまうんです」とのことです。

　確かに、そう何回も交通事故に遭う人はいないでしょうから、被害者は事故や保険の知識はほとんどありません。それに対して、保険会社はプロですから、圧倒的な情報格差が生じます。「自分はよく分からないし、保険会社がそういうのだから、そういうものかな」と思ってしまったり、対抗しようにも情報がない、ということになりがちだと思われます。

　現在では、この裁判基準の話や、休業損害の計算、後遺障害の逸失利益の計算などについても、インターネット上にたくさんの情報が掲載されるようになりました。それでも、多くの人は、事故に遭って、インターネットで検索して、初めてそのことを知るのです。

# 4 交通事故被害者の悩みと、ワンストップサービス

　前項では、交通事故の損害賠償においては、弁護士が入ることで、賠償金額は大幅に上がる可能性が高いですが、被害者はそれを知らずに示談しているケースが多いので、そのことをPRすることで、弁護士需要はもっと喚起されるだろう、と述べました。

　交通事故被害者にとって、このことのインパクトは絶大ですが、もちろん、被害者の悩みや弁護士が入るメリットは、これだけではありません。

　逆に、ここだけにポイントを絞ると、被害者の多様な悩み（ニーズ）を捉えられなくなります。

　より具体的にいうと、交通事故の相談においては、約半数程度が、後遺障害認定前、症状固定前の段階でご相談に来られます。そして、そのような相談者の主たる関心事は、どの後遺障害等級が認定されるか、ということであったりします。

　その際、弁護士が、法律事務所の業務領域は、等級認定後の損害賠償交渉であり、後遺障害の等級認定や、症状固定前の対応は、専門外であり、対応できない、ということになると、ミスマッチが起こるのです。

　我々がお付き合いさせていただいていて、交通事故被害の分野に力を入れている事務所では、交通事故の被害者は、事故に遭ってから解決に至るまでに、どのような悩みが発生するのか、そして、それに基づいて弁護士はどのようなサービスを組み立てるべきか、ということを、検討し、次のようなワンストップサービスを開発してきました。

　およそ、時系列で、被害者の直面する悩みと、必要なサービスは次のようになります。

| 事故発生 | 証拠の保存、事故証明など、何をどう対応してよいか分からない。時には、相手に示談を持ちかけられ、応じてしまう。 | 真 |
|---|---|---|
| 治療 | どんな治療を受けるべきか、現在、治療している病院でよいか、分からない。時には、直っていないのに、治療に通わなくなる。 | の被害者救済のためのワンストップサービス |
| 治療費休業損害の打ち切り | 打ち切り時期が適切かどうか、妥当性が分からない。 | |
| 症状固定等級認定 | どのタイミングでの症状固定が妥当か分からない。適切な後遺障害認定を受けるために、どうすべきか分からない。 | |
| 示談交渉裁判 | 保険会社からの示談の提案が妥当かどうか分からない。自分で交渉をしようにも、支払基準などがよく分からない。 | 従来の弁護士の関与 |

図3　時系列で見るワンストップサービス

① **事故発生**

証拠の保存、事故証明など、何をどう対応してよいか分からない。時には、相手に示談を持ちかけられ、応じてしまう。

→事故直後の対応について、アドバイスを行う。

② **治療**

どんな治療を受けるべきか、現在、治療している病院でよいか、適切な病院が分からない。時には、直っていないのに、治療に通わなくなってしまう。

→治療だけでなく、後遺障害認定も視野に入れて、治療先や治療方法、検査方法のアドバイスを行う。

③ **治療費・休業損害の打ち切り**

打ち切り時期が適切かどうか分からない。

→打ち切りの妥当性を判断し、場合によっては、保険会社と交渉を行う。

### ④ 症状固定・後遺症等級の認定

どのタイミングでの症状固定が妥当か分からない。適切な後遺障害認定を受けるために、どうすればよいかが分からない。

→適切な後遺障害認定を受けるためのアドバイスを行う。

→場合によっては、異議申立てを行う。

### ⑤ 保険会社からの示談の提案・交渉・裁判

保険会社からの示談の提案が妥当かどうか分からない。自分で交渉をしようにも、各項目の支払基準などがよく分からない。

→保険会社との交渉を行う。場合によっては、訴訟を行う。

### ⑥ 加害者との対応

加害者に対して、どう対応してよいか分からない。刑事事件に、どのように対応すべきか分からない。

→加害者対応、刑事事件対応のアドバイスを行う。


上記のように、交通事故被害においては、保険会社との交渉以前に、被害者は様々な悩みに直面することが分かります。

これらを全ての面で、アドバイスやサポートを行うのが、交通事故のワンストップサービスです。従来の弁護士の関与との違いは一目瞭然だと思います。

この中で、弁護士にとって、取り組みにくいのは、いうまでもなく、前半の治療や後遺障害認定に関わる部分です。弁護士の先生の中には、治療や後遺障害は医療の領域であって、弁護士が関与するのは難しい、と考えておられる先生も多いと思います。

実際に、交通事故被害の相談においては、「症状固定になったら、また、相談に来てください」ということがよく見られます。

我々がお付き合いさせていただいている事務所でも、このモデルをご提

案させていただいた当初は、同様の反応でした。

　しかし、3年、5年と試行錯誤を続ける中で、今では多くの先生方が、医学的な領域を含めて、後遺障害の知識を習得され、アドバイスやサポートを行っておられます。

　近い将来、交通事故の分野で、依頼者に支持されるためには、治療や後遺障害認定に関するサポートを含めてワンストップサービスが提供できる事務所であることは必須になると思われます。

## 5 後遺障害認定に弁護士が関与する重要性

　交通事故のワンストップサービスの中でも、特に我々が重要視してきたのが、後遺障害の等級認定をサポートすることです。

　我々が最初に、そのことに気がついたのは、2009年のアメリカ視察（ロサンゼルス）において、交通事故が専門だという弁護士から「アメリカでは、交通事故をやっている弁護士は医療的な知識を深めていることが必須だし、クライアントのために意見書を書いてくれる医師のネットワークが欠かせない」と聞いた時でした。

　その後、日本でも、後遺障害の等級認定段階から関与されている弁護士の先生方との出会いがあり、その研究を深めていきました。

　いうまでもなく、後遺障害の等級認定に関与することが重要なのは、等級によって、または等級が認定されるかどうかによって、損害賠償額に大幅な影響が出るためです。

　たとえば、後遺障害の中でも最も多く見られる外傷性頚部症候群（いわゆる、むち打ち）の場合、等級認定は12級13号、14級9号、非該当のいずれかとなりますが、その認定いかんで、損害賠償額は数百万円も違ってくることになります。高次脳機能障害に認定されるかどうか、というようなことになると、損害賠償額は数千万円も違ってくることもあります。当然、被害者のその後の経済状況、その後の生活はまったく違ったものになってしまうのです。

　医師は患者の怪我を治療することが仕事です。後遺障害の認定に関心を持っている医師は、きわめて少数です。ましてや、後遺障害の認定の仕組みや認定基準を熟知している医師はほとんどいないといってよいと思います。

したがって、同じような症状であっても、医師の診断書の書き方が違っていたり、必要なタイミングで検査がされていなかったりすることで、等級認定がされたり、されなかったり、ということが起こってしまうのです。

　そこに、弁護士が関与することの重要性があります。事故直後から、後遺障害の等級認定を考慮しながら、必要な検査をお願いしたり、重要な症状が診断書に記載されているか、抜け漏れがないかなどをチェックできます。被害者が治療を受ける際に同行して、医師と面談するケースもありますし、被害者にアドバイスして、被害者が医師とやり取りをするケースもあります。いずれにしても、弁護士が後遺障害認定の視点から、関与することで、認定されるべき後遺障害が、きちんと認定されるようにすることができるのです。

　後遺障害認定への関与は、「最初は医学的知識もないし、難しい」と感じられるかもしれません。しかし、今、取り組んでおられる多くの先生方は、「やってよかった。非常に意味があるし、やりがいがある」とおっしゃいます。是非、取り組んでみてください。

## 6 ワンストップサービスに必要なノウハウの習得と、必要なネットワーク

　交通事故のワンストップサービスを提供するためには、法的な知識、保険会社との交渉、裁判のノウハウの他にも様々な知識・ノウハウが必要です。その1つは、前項でも述べました、医学的な知識を含む後遺障害の認定に関わるノウハウです。

　後遺障害といっても、様々な症状がありますから、その全てを習得するのは、容易ではないし、一生勉強、ということになると思います。しかし、よく「80：20の法則」と言われるように、後遺障害にもこれが当てはまります。つまり、典型的な20％の症例についての知識・ノウハウを習得すると、後遺障害の80％はカバーできる、ということです。

　我々のお付き合い先の事務所でも、まずは、典型的な20％の症例についてのノウハウを習得することを目指します。最も典型的なのは、いわゆるむち打ちで、これが後遺障害の実に50％以上を占めるのです。

　ノウハウの習得方法は、①専門書、②医師による勉強会、③被害者に同行して、医師と意見交換、④後遺障害診断書の比較検討による勉強会、等です。

　また、弁護士だけでの知識・ノウハウの習得には限界もありますから、下図のようなネットワークづくりを行うことがきわめて重要です。

　我々のお付き合い先でも、本当に交通事故に強い事務所では、医師を顧問に迎えたり、顧問以外にも相談できる医師を複数確保しています。医師以外にも、事故鑑定の専門家やケースワーカーともネットワークを形成しています。

　考えてみますと、保険会社は、これらの専門家を組織しています。被害者側の弁護士は、これらの専門家のネットワークを形成しなければ、間違

いなく、不利な戦いをしいられると思うのです。

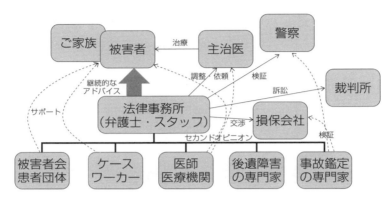

図4　専門家ネットワークのイメージ

## 7　交通事故分野の費用設定

　本項では、交通事故被害分野の費用設定について述べたいと思います。
　まず、相談料ですが、初回相談は無料とする事務所が増えています。
　2016年現在では、インターネットで交通事故の専門ホームページを展開している事務所の多くは、交通事故被害の初回相談を無料とされています。
　これは、無料相談にすることによって、相談数が増えることと、家事事件などに比べると、無料相談にしても、仕事にならない相談が少なく、業務効率がさほど悪くならないこと、があります。
　次に、着手金ですが、こちらも無料とする事務所が増えています。
　交通事故被害の着手金は、以前の弁護士会の報酬基準では、経済的利益の額によって、決まることになっていました。
　その後、弁護士費用が自由化されて以降は、交通事故被害の着手金は20万円、10万円のような定額化が進みました。
　そして、その金額についても、分割払い可能、後払い可能というケースが増え、着手金部分を実質的に後払いにする形で、着手金は無料にする事務所が増えています。
　相談料と着手金を無料にすることで、交通事故被害者が弁護士に相談、依頼するハードルはかなり低くなり、利用しやすくなりますので、よいことだと思いますし、今後も、相談料と着手金の無料化は、さらに進むと思われます。
　次に報酬の設定ですが、交通事故被害分野の報酬設定は、弁護士費用の自由化以前から、あまり変わっていません。つまり、それほど下がっているわけではありません。
　報酬の設定は、経済的利益を基準に決めることになりますが、①保険会

社の提示額から上がった金額を基に計算する場合と、②総支払額を基に計算する場合があります。

　前に述べたように、事故直後の段階から、治療や後遺障害認定のアドバイスも含めて、受任していくような場合は、②総支払額を基に計算する方法も、設定しておく必要があります。

　最後に、弁護士費用特約についてです。上限300万円まで保険会社が弁護士費用を負担してくれる弁護士費用特約は、近時、普及率が上がってきています。

　被害者の保険に弁護士費用特約がついている場合、被害者は弁護士費用をほとんど気にすることなく、弁護士を利用することができますので、弁護士費用特約の普及は、被害者にとっても、弁護士にとっても、非常に有意義であると思います。

## 8　交通事故で効果があった プロモーション方法

　本章の冒頭に述べましたように、交通事故の被害者側のマーケティングは、この数年間で、急速に進歩したように思います。
　それを端的に示しているのが、インターネット上の交通事故に関する情報の増加、交通事故専門ホームページの増加です。
　交通事故のプロモーションは、いろいろな方法がありますが、2016年現在までに、交通事故被害の分野で効果があったプロモーション方法について、記載します。

① ホームページ

　現在、最も効果を発揮しているプロモーション方法はWebマーケティングでしょう。
　2016年現在、最も成功しているいくつかの事務所は、ホームページ経由だけで、年間1,000件以上の相談を得ていると思います。それほどまでに、交通事故被害において、ホームページは効果的です。
　また、現在では、検索エンジンで「交通事故　弁護士」と検索すると、1ページ目に表示されるのは、ほとんどが、交通事故の専門ホームページとなっています。

② タウンページ

　タウンページ広告は地方では効果的でしたが、都市部では効果的ではありませんでした。また、近時、インターネットの活用が進んだためか、タウンページの効果は以前よりも落ちています。

③　新聞・雑誌・広報誌広告

雑誌、タウン誌、フリーペーパーなど、紙媒体によるプロモーションも効果があるようにも思えるのですが、効果的な媒体が検証できていません。

④　ラジオ CM、テレビ CM

実施している事務所は多くはありませんが、ラジオ CM、テレビ CM も一定の効果がありました。

まだまだ交通事故で、弁護士相談する、ということは浸透しているとはいえず、保険会社と示談されているケースが多いので、ラジオ、テレビなどで、弁護士の活用を啓蒙していくと、潜在的需要が発掘されると思います。

⑤　パンフレットの設置

交通事故に遭った人が訪れる可能性が高い、病院や板金工場・自動車修理工場などで、パンフレットを設置する取り組みも始まっており、一定の効果が出てきています。

# 9 交通事故プロモーションのポイント

　交通事故のホームページや広告・宣伝において、訴えるべきポイントは下記の６つです。これらを組み合わせて、広告表現などを作成すると効果的です。

① **対象となる困りごと、悩み、ニーズ**
　保険会社の対応に納得できない、示談金額が妥当かどうか分からない、といった顕在化している悩みだけでなく、前に述べたように、自賠責基準や任意保険の基準と裁判所基準との違いを知らないために損をしてしまうなど、潜在的な困りごとについても訴えます。

② **弁護士がどのように役に立つか（サービスとメリットの見える化）**
　前項に対応する形で、弁護士がどのように役に立つかを訴えます。その端的なものの１つは前に述べた「弁護士が入ると、賠償金額が上がる」ということについてです。
　この点は、インターネット上ではかなり一般化してきましたので、ワンストップサービスを導入して、それぞれのタイミングごとのニーズと対応について、記載することがきわめて重要です。

③ **当事務所が選ばれる理由、根拠**
　弁護士に依頼するメリットが提示できたら、次は、弁護士の中でも当事務所が選ばれる理由を示します。取り組み姿勢、専門性、実績などです。

④　解決事例・実績

　広告・宣伝において、競合が増えれば増えるほど、解決事例や実績の訴求は重要になります。ホームページのような媒体の場合は、解決事例はたくさん掲載すればするほどよいです。

⑤　費用

　弁護士費用は、依頼者が相談・依頼するに当たって、不安を感じたり、ハードルになる要素なので、明示した方がよいです。特に、気にされるのは相談料と着手金です。

⑥　お問合せ・相談方法

　プロモーションが反響を得るためには、お問合せ方法・相談方法を分かりやすく明示するのが基本です。

　これらの要素を媒体に応じて、組み合わせます。ホームページなどは情報量を多く掲載できますので、これらを網羅的することができます。また、紙面が限られる広告やラジオCMなどでは、優先順位の高い項目を抽出して表現してください。

## 10 交通事故のWebプロモーションの変遷

　交通事故のWebプロモーションの変遷についても述べておきましょう。
　まず、交通事故のWebプロモーションの初期段階は、弁護士のWebプロモーションの初期段階とほぼ同じですが、2000年代中盤です。事務所案内のためのホームページではなく、交通事故分野のことを詳細に解説したり、前項に記載したようなプロモーション的な内容を記載した、集客目的のホームページが出現しました。
　新規の集客目的のホームページですから、SEO対策やリスティング広告も行われました。
　その際、前に述べた「保険会社の基準と裁判所基準は違うので、弁護士が入ると、賠償額が増える」というのは高い訴求効果があり、交通事故被害者が弁護士に相談するきっかけになりました。
　法律事務所のWebプロモーションの初期から、交通事故分野はWebと相性がよい、Webでの問合せ・相談が多い分野の1つでした。
　次に、第2段階として、2000年代の後半から、事務所全体のホームページではなく、交通事故専門サイトを別途立ち上げてプロモーションを行う事務所が出現しました。
　このような専門サイトは、SEO対策にも優れており、専門性の訴求にもなるため、きわめて効果的でした。
　第3段階として、交通事故の専門サイトで、かつ、これまで述べてきたような、「事故直後からのワンストップサービス」をうたう事務所が出現、増加しました。
　この「事故直後からのワンストップサービス」は、警察対応、治療費の打ち切り、後遺障害の認定等で困っていた被害者の需要を喚起し、さらに

多くの交通事故の被害者が弁護士に相談することになりました。

　第4段階として、現在は、多くの地域で、交通事故の専門性、また、ワンストップサービスをうたう事務所同士の競争になりつつあります。

　この段階では、解決事例や実績の訴求がきわめて重要になります。被害者は、本当に、後遺障害の等級認定で実績のある事務所はどこなのか、自分の症状と同じ症状の解決事例を持つ弁護士は誰なのか、と探すことになるからです。

　また、これは内容面ではありませんが、現在においては、スマートフォンの使用が飛躍的に伸びており、法律事務所を探す場合でも、スマートフォンの使用が増えています。スマートフォン対応のサイトを作成することも、ますます重要性が増しています。

## 11 交通事故の紹介ルート

　交通事故の有力な紹介ルートには、以下のものがあります。

### ①　被害者団体・患者団体

　有力な交通事故専門事務所は、被害者団体（被害者の会）や患者団体から多くの紹介を受けています。

　しかし、被害者団体・患者団体は数が限られ、既存の団体にはすでに弁護士がついていることが多いでしょうから、関係構築は簡単ではないと思います。

### ②　病院・医療機関

　我々が交通事故の紹介ルートとして、最も力を入れるべきと考えているのは病院・医療機関です。

　病院・医療機関は、単に紹介ルートというだけでなく、交通事故被害者に対するワンストップサービス実現に欠かせません。弁護士と病院・医療機関との良好な関係を築くことは、きわめて重要です。

　アメリカで、交通事故に強い弁護士を取材した際、アメリカでは交通事故に取り組む弁護士にとっては、どれだけ医療機関や医師を知っているかが鍵であり、弁護士から病院への紹介、病院から弁護士への紹介が日常的に両方ある、とのことでした。

　日本でも、交通事故に強い事務所で、両方の面で医師と良好な協力関係を築いておられる例もありますが、その数は今のところ、多いとはいえません。

　交通事故被害のマーケティングにとっては、ここが１つの鍵となると思

います。

### ③ 整骨院

　病院・医療機関と主旨は同様ですが、現在、整骨院の中には、交通事故の施術に力を入れたり、特化したりする整骨院が増えています。そのような整骨院は、特に有力な紹介先になりえます。

### ④ 板金工場・自動車修理工場

　お互いにメリットがあり、よい紹介ルートになりそうです。

### ⑤ 保険代理店

　交通事故被害では、保険会社は相手方になりますが、保険代理店、特に独立系の代理店が、紹介ルートになることは多いようです。

　我々のお付き合い先の先生も、保険会社を有力な紹介ルートにしておられます。

　交通事故の場合も、紹介を促進するためには、紹介の起点となる方に、弁護士を活用するメリットを十分に理解していただくことが重要な鍵となります。

# 12 交通事故相談のポイント

　本項では、我々がお付き合いさせていただいている事務所で、交通事故の相談に同席させていただいたり、先生方と一緒に検討した中で、大切だと思われるポイントを述べたいと思います。

① 早い段階で全体像とポイントを示す

　交通事故の被害者がご相談に来られるポイントは様々です。時系列での被害者の悩みは前に述べたとおりです。

　事故直後の警察の対応に不安になって相談に来られることもあれば、医者の対応に不安になって相談に来られる方もいます。保険会社から治療費の打ち切りを告げられて相談に来る方もいらっしゃいます。自分の症状で後遺障害認定がされるかどうか、というご相談もあります。

　被害者が解決までの全体像が分からない中で、不安や不満に感じることを、思いつくままに相談されると、お互いに非常に要領を得ないことになってしまいます。

　法律相談票を利用して、被害者の状況を把握したら、早い段階で、解決までの全体像を時系列でお話するのが効果的です。

相談日：平成　　年　　月　　日

## 法律相談票（交通事故）

・お名前　　　　　　　　電話（携帯）　　　　　　　（ご自宅）
・ご住所　〒
・e-mail
・生年月日：（ＭＴＳＨ）　　　年　　　月　　　日
・ご職業　　　　　　　　年収（事故発生の前年）　　　　　万円
　　　　　　　　　　　　月収（事故発生前3か月の平均額）　　　万円
・事故発生日時　　　　　年　　月　　日　午前・午後　　時　　分ころ
・事故発生場所
・事故状況

| 事故状況の説明（図での説明） | 事故状況の説明（言葉での簡潔な説明） |
|---|---|
| | |

1 人対車両　2 正面衝突　3 側面衝突　4 出合い頭衝突
5 接触　6 追突　7 その他

・受傷の部位・程度（診断名）
・治療開始日　　　　　　　　　　年　　月　　日　医療機関名：
・治療終了日（治癒・症状固定）　年　　月　　日　医療機関名：
・通院の手段　　1 自家用車　2 公共交通機関　3 タクシー　4 自転車
　　　　　　　　5 その他（　　　　　）
・入院の有無　入院した（　年　月　日〜　年　月　日）・入院していない
・休業の有無　休業した（　年　月　日〜　年　月　日）・休業していない
・後遺障害の程度（後遺障害等級認定票の記載）　　　級　　　号
・相手方（加害者）の名前　　　　　　　　　電話
・相手方（加害者）の住所　〒
・相手方（加害者）の勤務先
・相手方（加害者）の自賠責保険会社
・相手方（加害者）の任意保険会社　　　　　　　　担当者：
・その他の関与者
・特に相談したい事項


・資料
　1 交通事故証明書　2 診断書・診療報酬明細書　3 後遺障害等級認定表
　4 休業損害証明書　5 源泉徴収票・確定申告書　6 保険会社からの賠償額の提示
　7 その他（　　　　　　　　　　　　　　　　　　　　　　　　　　　）

## ②　重要な２つの問題点を指摘する

　交通事故の相談においては、一般的な２つの問題点を指摘するのが効果的だと思います。

　２つの問題点とは、後遺障害認定（医療機関対応）と、損害賠償基準（保険会社対応）についてです。

　後遺障害認定については、書面審査で、医師が作成する後遺障害診断書によって等級が決まるが、医師は必ずしも後遺障害を意識して診断書を作成してはくれない、という点を指摘します。

　損害賠償基準については、自賠責基準や任意保険の基準と裁判所基準との違いについて指摘します。また、休業損害や逸失利益などの計算においても、保険会社の計算が必ずしも妥当でないことも指摘してもよいと思います。

## ③　後遺障害認定の可能性を示す

　その上で、後遺障害認定前の相談の場合には、被害者の後遺障害認定の可能性について、示します。この点について、どこまで踏み込んだ話ができるかによって、交通事故相談の品質は大きく変わります。

　「後遺障害でどの等級が認定されるのかを知りたい」という被害者は、満足のいく回答を求めて、複数の弁護士に相談される方も多いのです。

## ④　弁護士が受任した場合の損害賠償額を示す

　後遺障害認定前のご相談の場合には、これは③と連動します。認定される等級がぶれると損害賠償額は大きくぶれますが、少なくとも、この等級が認定された場合はいくら、この等級が認定された場合はいくら、というように提示することが効果的です。

　弁護士としては、特に過失相殺などいろいろな争点がある場合は、はっきりと金額を示すリスクは避けたいと、思われるかもしれません。

　もちろん、言い切れないケースもあると思います。しかし、当然、被害

者としては、できるだけ明確に損害賠償額を示してもらいたいと思っています。

### ⑤ 弁護士費用を示す

⑤、⑥の順序はどちらの場合もありますが、損害賠償額の説明をした直後に、弁護士費用まで説明してしまった方が、理解が得られやすいように思います。

弁護士費用特約についても、ここで説明します。

### ⑥ 雑多な不安・疑問に答える

全体像を示してしまうと、被害者が当初、問題視していたことが、実は大した問題ではなかったり、どうしようもないことだ、ということに気づく場合もあります。

それでも、様々な不安や疑問が残ることもありますので、それに丁寧に答えます。

### ⑦ 依頼の意思確認

上記①～⑥までの面談が終わりましたら、あとは、依頼の意思確認です。

交通事故被害の相談も、先生によって、つまり相談の仕方によって、受任になる率は大きく違ってきます。

③、④をいかに踏み込んで回答できるか、具体的な等級や金額、その根拠を説明できるか、ということが、結局のところ、交通事故相談のポイントであると思います。

## 13 いわゆる「むち打ち」の事案について

　2012年の初版を書いた時に、わざわざむち打ちの項目を設けたのは、「むち打ちは扱わない」という先生が一定数おられたので、「むち打ちを扱っていきましょう」と訴えるためでした。

　今では、交通事故に力を入れている先生の多くはむち打ちを扱っていただいていますので、今ではいうまでもないかもしれません。

　交通事故被害の分野において、損倍賠償基準の違いとともに我々が驚いたことの１つは、「むち打ち」の事案は受任しない、という先生が以前は一定数おられたことです。

　「むち打ち」の事案では、14級なり、12級の後遺障害が認定されている場合、自分で紛争処理センターに行ってもらえば、弁護士が関与するまでもない、ということのようです。

　また、後遺障害の認定前であれば、等級認定がされるかどうかの判断が難しく、非該当の可能性もあるため、受任しづらい、ということのようです。

　あるいは、14級や12級の事案であったとしても、損害賠償の金額がより上位の等級の場合よりも、少ないために、弁護士費用を考えると生産性が低い、と考えられる先生もおられるようです。

　しかし、先生方もご存知のように、後遺障害等級認定の半数は、14級、12級のむち打ちが占めています。むち打ちを取り扱わない、ということになると、後遺障害の半分を取り扱わないことになります。

　被害者の側から見ても、むち打ちは後遺障害が認定されるかどうかがきわめて微妙な事案です。

　12級の認定に必要な画像を医療機関が撮影してくれるとは限りません。

当然、どのような画像を撮影してもらえばよいか、といったアドバイスが重要になります。

また、14級の場合には、ますます認定の判断が微妙なので、専門家のアドバイスは重要です。

さらに等級認定がなされていたとしても、被害者が自分で交渉した場合、弁護士が考えるほど、簡単には交渉が進みません。紛争処理センターに持ち込んだ場合も同様です。

現に、弁護士がこの領域にあまり積極的でないために、行政書士の先生方が、弁護士法には触れないやり方で、この分野で活躍されています。

我々がお付き合いさせていただいている法律事務所でも、むち打ちの事案にも積極的に取り組んでいる事務所では、多くの被害者の支持を集めていますし、経営的にも決して生産性が低い、ということにはなっていません。

現在では、「むち打ち」への関与は劇的に増え、そのことは交通事故被害の弁護士需要を拡大することに貢献したと思います。

## 14 交通事故分野の今後

　繰り返しになりますが、交通事故の発生件数は2005年の90万件台から2014年には約57万件にまで減少していますが、地裁と簡裁を合わせた新受件数の合計は、11,597件から31,454件にまで増加しました。

　それでも、アメリカでは、交通事故被害の70％以上に弁護士が関与しているといわれていますが、日本では、まだこの水準には達していません。今でも、保険会社にいわれるままに、示談をして、終わっている案件は多いのです。

　交通事故被害における弁護士需要の開拓は、まずは、自賠責基準や任意保険の基準と裁判所の基準の違いを中心に、弁護士を活用するメリットを啓蒙、浸透させる活動が起点になりました。

　我々も弁護士のマーケティングに関与するまで、このようなことはまったく知りませんでしたし、周囲にこの話をすると、皆驚きます。そして、もし、交通事故にあったら、間違いなく弁護士に依頼する、という話になります。

　中長期的な、この分野の可能性は、やはり、ワンストップサービスにあると思います。

　特に、治療や後遺障害認定の部分まで含めてサポートできれば、被害者のメリットははかりしれません。それには、病院・医療機関との連携が不可欠です。

　我々のお付き合い先の先生でも、交通事故に強い先生は、長い年月をかけて、病院や医療機関との信頼関係を構築されていますが、一度、医師や医療機関との良好な関係が構築できれば、被害者にアドバイスしたり、サポートする上で、協力な武器となります。

また、被害者を医療機関に紹介したり、紹介されたり、というやり取りも生じてきます。
　交通事故被害者の治療と補償の両面からの救済、という目的の基に、弁護士と医療機関、また、その他の専門家が協力し合える体制を構築していくことが、今後の可能性を大きく開いていくと思います。
　また、全国でも少数ですが、交通事故被害を専門的に扱う事務所が出現し始めています。
　前に述べましたように、弁護士が治療や後遺障害の分野にも踏み込んでアドバイスやサポートを行うことを想定すると、高度な専門性を求められますし、実際に、特に高次脳機能障害などの重篤な後遺障害で、立証が難しいような案件は、これらの専門事務所に多数の相談が集中しています。
　今後、より多くの先生が治療や後遺障害の部分を含めて、ワンストップサービスを志されるようになると、交通事故専門事務所や、専門的に取り扱う弁護士は、ますます増えると思われます。

# 第5章

## 企業法務分野

# 1 企業法務分野のマーケティング

「弁護士のマーケティング」という言葉が耳慣れなかった頃には、マーケティング＝広告・宣伝という捉え方をされることが多く、「個人の分野ではマーケティングが使えるかもしれませんが、企業法務にはマーケティングは使えないのではないですか？」というご質問をいただくことがよくありました。「企業法務や会社の顧問の仕事は、紹介で来る。広告・宣伝では依頼は来ない」というわけです。

「弁護士のマーケティング」が浸透した2016年現在においては、都心部を中心に多くの事務所が企業法務分野のマーケティングに取り組まれており、その動きは地方都市にも広がりつつあります。

企業法務分野のマーケティングに取り組む事務所が増えたことにより、弁護士に顧問契約を依頼する企業数は増加し、今まで以上に分野もしくは業種に特化したより専門的な知識を有する弁護士が増えたことでセカンド顧問やサード顧問といったように複数の弁護士を活用する企業も増えつつあります。

企業法務に関心がある、または企業法務の仕事や企業の顧問先を増やしたい、とお考えの先生は多いと思いますが、「弁護士を必要とする企業は少ないし、必要とする企業は、すでにベテランの先生が入り込んでいるからねえ」という声も聞かれます。

我々も、「顧問先の開拓に注力したコンサルティングをして欲しい」という多くの先生方と企業法務のマーケティングに取り組んできたのですが、中には、地方都市において、顧問先ゼロから6年間で200社以上になった先生もいます。

確かに個人の分野とは違う方法もありますが、効果的な方法が様々見え

てきました。本章では、それらの方法について、述べていきます。

　なお、「企業法務のマーケティング」とは、他の章に比べて、あまりにラフな分類です。一口に企業法務といっても、債権回収、労働問題、契約関係、債権保全、クレーマー対策、不動産、知的財産、コンプライアンス、事業承継、企業再生など、多岐にわたります。

　ですから、当然、債権回収には債権回収の、企業再生には企業再生の、固有の方法があります。

　ただ、企業法務の場合には、「企業法務」という大分類でのアプローチも成立します。これは、同一のターゲットに対するクロスセルや継続的な仕事が可能であるためです。

　また、大都市においては、より細分化したマーケティングアプローチが効果的ですが、特に地方都市においては、「企業法務」という大分類のアプローチでも、効果があります。

　また、企業法務における新規のスポット相談から顧問契約に繋げる事務所も増えつつあります。開拓する事務所が増えると同時に顧問契約をどうやって維持するかも重要です。

## 2 企業法務の需要と弁護士の関与

　さて、例によって、企業法務分野も概況を数値的に見ていきましょう。
　これまでの項目でも見てきたように、弁護士需要を定量的に測ることはきわめて難しいものですが、企業法務分野はとりわけ難しいといえます。
　それは、一口に企業法務といっても、業務内容が多岐にわたっている上に、裁判外の業務が大きな割合を占めるからです。
　ある先生にいわせれば、「日本には何百万社の企業がある。したがって、企業法務の仕事は無限にある」ということになりますし、別の先生に言わせれば、「中小企業では、税理士は必要だけど、弁護士のニーズはないよ。弁護士を必要とする中小企業なんか、数パーセントだよ」ということになります。どちらもその先生の実感なのだと思いますが、かくも認識に差が生じるのが企業法務の需要についてなのです。
　ちなみに、大きい数字から確認しておきますと、日本の企業数は2009年には約420万社ありましたが、2014年には約381万社に減少しています。そのうち、約0.3％の約1万社が大企業、約12～15％の56万社が中企業、残りの87～85％程度に当たる325万社程度が小企業です。小企業が減少し、中企業が増えています。
　企業法務の需要に関して、参考になる数字としては、日弁連の『弁護士業務の経済的基盤に関する実態調査』（2010年）と『中小企業の弁護士ニーズ全国調査報告書』（2008年）があります。
　『弁護士業務の経済的基盤に関する実態調査』（2010年）では、顧問先数に関して、弁護士からのアンケート調査が実施され、それによると、顧問先を持っていると答えた弁護士は63.5％、顧問先を持っていると答えた弁護士の平均顧問先数は13.9件となっています。

ということは、このまま計算すると、弁護士数約3万人に65.3％と13.9件をかけて、約26.5万社が顧問契約を締結していることになります。

　次に、『中小企業の弁護士ニーズ全国調査報告書』（2008年）ですが、こちらは企業法務に特化して、より詳細な調査がなされています。

　調査結果の詳細は報告書をご覧いただくとして、概略としては、全国の中小企業で過去に弁護士を利用した経験があるのは48.2％、うち訴訟などの法的手続での利用が23.2％、訴訟など以外が28.6％となっています。

　2016年現在では、全体の企業数は減少しつつも、弁護士のマーケティング活動が進んだことにより、以前よりも弁護士を利用する中小企業は増えていると思われます。どれくらい伸びているかを、数字で捉えるのは難しいですが、少なくとも、「中小企業における弁護士の需要は存在し、まだまだ開拓の余地がある」ということは言えそうです。

## 3 企業法務の弁護士需要拡大における課題

　前項で取り上げた『中小企業の弁護士ニーズ全国調査報告書』（2008年）は、企業法務の需要について、興味深い報告をしています。

　そのうちの1つは、「弁護士が法的問題だと考えている問題について、中小企業の経営者は法的問題だと考えていないケースが多い」ということです。

　つまり、弁護士から見ると「それは弁護士の業務領域である」ということについて、中小企業側は必ずしも弁護士の業務領域であるという認識がないため、相談に至らないケースがある、ということです。

　もう1つは、訴訟外の弁護士業務についての需要です。

　先ほども述べましたように、全国の中小企業で過去に弁護士を利用した経験があるのは48.2％、うち訴訟などの法的手続での利用が23.2％、訴訟など以外が28.6％となっているのですが、東京では過去に弁護士を利用した経験がある企業は75.7％と全国平均を大きく上回っています。

　そして、このうち訴訟などの法的手続での利用は23.2％と変わらないのですが、訴訟など以外での利用が49.6％ときわめて高くなっているのです。

　このことから、他の分野と同様に、企業法務においても、弁護士需要を拡大するためには、

・弁護士がどんな問題に対して、何ができるのか、を浸透させること。
・特に、訴訟などの法的手続以外のサービスについて、どんな問題に対して、何ができるのか、を浸透させること。

がポイントであるといえそうです。

　我々の実感としても、企業法務の依頼が多い先生、顧問先が多い先生は、「こんな問題があったら、このように解決できますよ」とか「こういう場

合に、弁護士に相談せずに進めると、こんなリスクがありますよ」「弁護士に相談すると、こういう点とこういう点を検討して、アドバイスしますよ」というお話を上手にされます。

　そういう話を通じて、中小企業側も「こういう場合は、相談した方がよさそうだな」ということを理解していくことができていきます。

# 4 企業法務サービスの「見える化」

　前項で、企業法務の需要を拡大するためには、「弁護士がどんな問題に対して、何ができるのか、を浸透させること」「特に、訴訟などの法的手続以外のサービスについて、どんな問題に対して、何ができるのか、を浸透させること」がポイントであると述べました。すなわち、「見える化」です。

　「企業の依頼を増やしていきたい」「顧問先を増やしたい」というテーマでコンサルティングの依頼があった場合、まず我々が行うことは、サービスの「見える化」です。「見える化」とは、リーガルサービスの整理であり、再定義です。

　「見える化」によって、紹介など人的なアプローチからの導入を増やす場合でも、ホームページ等のプロモーションを行う場合でも、効果的に行うことができます。

　紹介の場合でも、「見える化」のアプローチが効果的であるのは、意外なことかもしれません。

　紹介というと、まずは、企業経営者と公私にわたる人脈をつくって、「何か法律的な困りごとがあったら、何でも相談してください」というようなイメージを持たれる先生が多いです。その際、弁護士と経営者の波長があった場合には、今すぐ特段の相談がなくても、顧問契約を締結していただければ、最高である、とお考えの方は多いかと思います。

　そこでは、特にサービスの「見える化」は必要ないように思われるかもしれません。むしろ、「たとえば、債権回収については、こういうことができますよ」というようなサービスを「見える化」して、前面に打ち出すようなアプローチは、スマートではない、とすら考えられている場合もあ

ります。

しかし、実際に「見える化」のアプローチを試してみると、紹介案件を増やす効果があることが分かります。

具体的な事例をご紹介します。

◇地元の会合で、税理士の先生と仲良くなり、お互いの得意分野を生かしていきましょうという話で盛り上がったとします。

弁護士
「是非、お互いに得意分野を生かして、協業していきましょう。」
税理士
「ところで、どういう時に、先生（弁護士）をご紹介したらよいのでしょうか？」
弁護士
「いや、どんな相談でもよいですよ。何でも相談してください。」

（弁護士としては、最大限、誠実に答えているのですが、相手は不審そうにします。）

税理士
「でも、たとえば労務問題とかで、先生（弁護士）に相談しても、それは社労士の仕事だった、ということになると迷惑じゃないですか…。」
弁護士
「あ、いやいや、大丈夫です。その時は、そうお答えしますし、それは全然、迷惑じゃないですから。」

（これまた、最大限、誠実に答えているのですが、相手は腑に落ちないのです。）

つまり、紹介する方は、ピタッとはまる紹介をしたいのです。紹介したけれど、ミスマッチだった、ということはしたくないのです。

企業法務のサービスを「見える化」して示すことで、このような紹介におけるミスマッチを解消することができるのです。

企業法務のサービスの「見える化」はホームページを中心に、ここ数年で飛躍的に進みました。解決事例として、弁護士がどのような対応をしたのかといったものをストーリー形式で紹介するケースや実際にクライアントの声（感想）をインタビューし掲載するというケースも増えつつあります。実際の事例やクライアントの声の説得力、訴求力は強いため、効果的です。

「見える化」のやり方は、前著でも述べたとおりですが、2段階あります。

(1) 品揃えの見える化
(2) 購買単位ごとのサービスの見える化

そして、サービスの見える化は、さらに①サービスプロセスの見える化と、②結果（メリット）の見える化となります。

具体的に、企業法務サービスを「見える化」すると、以下のようになります。

まずは「企業法務」という大きすぎる取扱分野を、債権回収、労働問題、契約関係、債権保全、クレーマー対策、不動産、知的財産、コンプライアンス、事業承継、企業再生などに分けます。

ここで注意していただきたいのは、これでもまだ、上記に述べた「購買単位ごと」になっていない可能性が高い、ということです。

たとえば、不動産の場合、賃貸借契約書のチェック、未払い賃料の回収、建物の明渡し、というような単位が購買単位です。「不動産分野」というのは中分類、ということになります。

次に、購買単位ごとのサービスのプロセスと結果の見える化です。購買単位でないと、具体的にプロセスと結果（メリット）の見える化ができま

せん。

　たとえば、建物の明渡しであれば、①まずは法律相談をいただき、②物件の調査をして、③内容証明を出して、④それでも駄目なら、占有移転禁止の仮処分をして、⑤さらに駄目なら、訴訟を提起して、⑥強制執行をする、ということです。

　結果（メリット）の見える化は、ずるずると居住されて、損失を垂れ流すことなく、退去してもらえる、ということです。

　このように、企業法務の分野を購買単位まで分類した上で、それぞれのサービスのプロセスと、そのサービス（弁護士）を利用するメリットを「見える化」していきます。

　「見える化」したサービスメニューは、ホームページ、パンフレットなど、様々な形で活用することができます。

## 5 企業法務における分野特化サービス

　企業法務のマーケティングにおいては、「企業法務」という大分類でのアプローチと、より細分化した分野別のアプローチが可能であることは、前に述べました。

　本項では、より細分化した分野別にアプローチする際の、サービスの組み立てについて、述べたいと思います。

　企業法務分野は、個人の分野に比べて、以前から大都市を中心として、専門事務所が多い分野です。たとえば、倒産法の専門事務所、労働法の専門事務所、金融の専門事務所などです。

　今後ますます、企業法務分野において、より細分化した分野に特化することによって、その専門性を高め、競争力を維持していくようなサービスの組み立てを行う事務所は増えてくると思います。

　もう1つの組み立ては、ターゲット業種・業界別の組み立てです。

　業種・業界別の組み立ては、金融業のような特殊な法律が絡む業界では、これまでも一般的でしたが、たとえば、IT業界、建設業会、不動産業界、医療業界というような業種では、業種に特化した組み立てを行うことは一般的ではなかったと思います。

　また、先生方の中には、業種・業界で分けても、あまりに共通項がないので、意味がないのでは、と思われるかもしれません。

　もちろん、そういう部分もあるのですが、業種・業界の視点で、企業法務のサービスを分類していくと、業種・業界による特徴があるケースも多いのです。

　たとえば、不動産賃貸業で、明渡しなどが多いのは当たり前ですが、それ以外にも、IT業界のソフトウェア開発を行っている企業では、開発に

関するトラブルが多い、ネット通販の業界では景表法の問題が多い、などです。

　そして、業種・業界の切り口が発見されると、プロモーションや受任ルートを考える上でも、大きなアドバンテージになるのです。

　なぜかというと、たとえば、セミナーを開く場合に、当然、セミナー案内を送らなければなりませんが、「債権回収で困っている会社」の名簿はありませんが、不動産賃貸業、病院、IT、ソフトウェア開発、など業種・業界別には名簿があるのからです。

　また、受任ルートを考える上でも、業界団体や、当該業界の企業を取引先とする企業等が浮かび上がってくるからです。たとえば、開業医をターゲットとすると、開業支援をしている医療機器卸などが、紹介ルートとして浮かび上がってきます。

　2016年現在では、業種・業界別にサービスを組み立てる事務所が増加しており、安定的にクライアントを獲得されています。また、業種・業界に特化した弁護士に頼みたいという企業側のニーズが以前よりも増してきており、業種・業界別にサービスを組み立てることは企業法務分野における時流になりつつあります。

# 6 顧問化の重要性とマーケティング

　顧問先を増やす重要性が近年増しています。顧問先を増やす必要性と増やした場合に得られるメリットとしましては、大きくは以下の6つが挙げられます。

①　事務所ブランドの向上
　弁護士の増加により複数の事務所と比較されるケースが増えています。顧問先数が多いことは、事務所の信頼の証の1つになります。

②　専門性の深耕
　顧問契約を行い、顧問先への情報発信量を増やすことで、顧問先からのご相談を増やすことができます。顧問契約を維持する上でも有効な取り組みですが、特定の顧問先からのご相談に多く対応することで、その顧問先の業種・業界の知識や対応事例が増えるため、専門性を効果的に深めることができます。

③　人財の採用力の向上
　2016年現在、弁護士採用においても、合格者数の減少や企業内弁護士の増加などにより、以前よりも困難になってきているため、人財の採用力を向上させることは重要です。優秀な弁護士及び事務員の方を採用する上では、顧問先数が多いというのは、事務所経営の安定性や事務所ブランドの高さを示す有効な指標となります。

## ④ 人財の定着率の向上

一般に、顧問先数が多い事務所は仕事が安定し、定着率も高い傾向にあります。また、事務所ブランドの向上により、事務所に所属していることの価値も高まります。有名企業などと顧問契約をされている場合には、その企業と仕事をできていること自体が、働きがいとなるケースは多いといえます。

## ⑤ 紹介案件の仕組み化の実現

顧問先数が一定数を超えた場合、顧問先への情報発信量を増やすことで、紹介案件を発生させることができます。また、顧問先に対して「従業員の方向けの初回無料相談サービス」や「紹介案件における初回無料相談サービス」といったようなサービスを実施することで、顧問先との関係を深め、顧問継続率を向上させつつ、紹介事案の発生頻度を高めることが可能です。

## ⑥ 深い専門性が必要となる事案の増加

特定の企業と深く関わることが可能となるため、深い関係ではないと解決できない問題に対してアプローチすることが可能となります。また、深い専門性が必要となる事案が増えるため、結果として深い専門性を事務所として持つことが可能となります。

上記に挙げた以外にもメリットは多くありますが、特に得やすいメリットを述べました。特定の企業と継続的にお付き合いすることで、潜在化してしまっている弁護士需要を発掘する上でも重要な事柄です。

# 7 企業法務分野で効果があったプロモーション方法

　本項では、企業法務で効果があった①ホームページ、②事務所パンフレット、③顧問契約パンフレット、④ニュースレター（事務所報）、⑤セミナー、⑥書籍の出版について述べます。

## ①　ホームページ

　企業法務分野は紹介など人的アプローチによる受任が中心で、ホームページなどのプロモーションは効果がないのではないか、と思われる先生も多いと思われます。しかし、実はそんなことはありません。

　我々がコンサルティングをさせていただいている先生で、ホームページ経由で年間20社以上も顧問を増やされている例もあります。

　ホームページの形態は「企業法務」という大分類で制作する場合と、「債権回収」「企業再生」のように、より細分化した分野で特化したサイトを制作する場合があります。

　2016年現在では、細分化した分野に特化したサイトは増加し、「顧問弁護士」といった顧問サービスの内容に特化したサイトや「IT業界」「医療業界」「保険代理店業界」といったように業界に特化したサイトも増えつつあります。また、多くのサイトで初回無料相談を導入しています。

　ホームページの重要性は増しているため、ホームページのプロモーションに関しては、さらに詳細を後述いたします。

## ②　事務所パンフレット

　実は、私はこの数年間で、おそらく50事務所以上のパンフレット作成に関与してきました。ポイントは、サービスの「見える化」です。せっかく

パンフレットを作成しても、単に弁護士紹介や事務所紹介に止まっていて、サービス内容が「見える化」できていないと効果はありません。

### ③　顧問契約パンフレット

　これも話は至極簡単で、「顧問サービスのご案内」というパンフレットをつくるのです。何しろ、顧問サービスは、企業法務のサービスの中でも、特に内容が分かりにくいサービスです。多くの場合、顧問契約すると、法律相談が無料になるとか、一定時間内の法律サービスが無料で受けられる、というのがその内容ですが、「どこまでが顧問料の範囲になるか、はっきりとは決まっていない」という先生も多いのではないかと思います。サービスの提供側がそうなのですから、提供される側にとっては、非常に「見えにくい」サービスであるといえます。そこで、「顧問契約のご案内」というパンフレットを作成して、お渡しすることが非常に効果的なのです。

### ④　ニュースレター（事務所報）

　ニュースレターは、顧問先・過去客・紹介ルートとなる方や企業・友人・知人で過去に名刺交換した方などに送付するものです。

　このような先から案件を受任するためには、当然、面と向かったコミュニケーションが大切になります。しかし、それ以外にもやるべきこと、効果的なことはあります。その1つが、ニュースレターを定期的に送ることです。

　この方法も、オーソドックスですが、非常に効果的です。

　2016年現在では、電子メールを活用したニュースレター形式やSNSを活用した配信をしている事務所が増加しつつあります。また、ニュースレターの内容も以前に比べると「業種特化型」や「法改正特化型」といったようにより専門化、細分化されており、多様化しています。

⑤　セミナー

　セミナーや講演が効果的であることは前著でも述べました。ここでは、ややテクニカルな面を補足しておきます。セミナー・講演から受任に繋げる方法です。

　最も大事なのは、どういうセミナー・講演であるかです。何かの定期的な会合で、講演の枠があり、誰か必要だから、ということで講演を依頼された場合、そもそも、聴衆が弁護士の話に興味がない、特に困っていることはない、という場合があります。これは、受任に繋がらないのは当然です。

　最もよいのは自主開催です。もちろん、セミナー・講演に呼ばれて話すことより、事務所主催でセミナーをやるのははるかに大変です。しかし、事務所主催のセミナーであれば、こちらが、「誰に、何を伝えたいのか」を中心に、そのテーマに興味がある人を集めることができるのです。

⑥　書籍の出版

　書籍出版も、この数年で力を入れてきました。コンサルティングさせていただいている事務所の先生の出版は20冊以上になりました。書籍出版は、直接の反響もさることながら、ブランディングに大きく貢献し、声がかかる企業の規模やレンジが上がっていきます。

　なお、上記で述べたプロモーションのポイントは、それぞれホームページやセミナーにおいてサービスを「見える化」して、展開することです。

## 8 企業法務で有効なホームページとは

　前にも述べましたように2016年現在、企業法務分野のホームページは大幅に増加しており「網羅型」「分野特化型」「業種・業界特化型」の３つに大きく分かれています。

　「網羅型」とは、「顧問弁護士サイト」や「企業法務サイト」のように企業法務に関する内容を、全般的に解説をしているサイトを指します。

　「分野特化型」とは、「契約書」「債権回収」「労働問題」「コンプライアンス」「クレーマー対策」のように特定の事案を、掘り下げて解説をしているサイトを指します。

　「業種・業界特化型」とは「不動産会社」「IT企業」「医療」「保険代理店」「介護事業者」「通販会社」のように特性の業種に発生しやすい事案を、掘り下げて解説しているサイトを指します。

　2016年現在では、東京や大阪などの大商圏では、企業法務に関するホームページが増えたため、「網羅型」サイトでは、訴求力が弱く、十分な反響を得ることが難しい状況です。そのため「労務問題特化サイト」や「介護業界特化サイト」のように「分野特化型」もしくは「業種・業界特化型」のサイトを作成する必要があります。また、東京においては、「分野特化型」「業種・業界特化型」も増加しつつあるため、「介護業界における労務問題サイト」のように「分野特化型」と「業種・業界特化型」を組み合わせたサイトを検討する必要があります。

　地方都市においては、「網羅型」サイトが増えつつありますが、まだまだ少ない状況のため、中小企業に特化した「網羅型」サイトでも十分有効です。

　2016年現在では、上記の「型」に加え、個人分野と同様に企業法務分野

においてもスマートフォンやタブレット端末に対応したサイトを作成することが重要となっています。企業法務に特化しているサイトのアクセスルートを分析すると、平均で約60％がスマートフォンやタブレット端末からアクセスしています。スマートフォンやタブレット端末に対応していないサイトでは、閲覧がしにくいため、反響数を減らしてしまいます。サイトを新設する場合、もしくは、既存サイトの見直しをする際には、スマートフォンやタブレット端末への対応をお勧めいたします。

# 9 企業法務で有効なセミナー・講演の実施方法

　本項では、セミナー・講演から事案の獲得及び顧問先を獲得する5つのポイントについて述べます。全体に通じる事柄は「参加者（ターゲット）に何を訴求し、何を提供するか（どのような仕事を獲得するか）」を明確にすることです。

### ①　「研修型」ではなく「業務導入型」のセミナーを実施する

　セミナー・講演を大きく分類すると「研修型」と「業務導入型」の2種類に分けることができます。「研修型」とは、受講者に法律問題を分かりやすく解説し、理解してもらうことが目的となっています。「業務導入型」とは、受講者に自社の問題に対する解決方法と弁護士の活用方法を示し、法律相談を獲得することが目的となっています。どちらも企業にとっては有用ですが、セミナー・講演から事案の獲得及び顧問先を獲得する上では、業務導入型セミナーを設計していただくことが重要です。

### ②　講座タイトルと参加者（ターゲット）への訴求を連動させる

　近時、セミナーを実施する事務所が増え、参加企業は、日々多くの告知を受けているため、その多くの告知の中から選ばれなければなりません。そのため、タイトルだけで講座の内容がある程度分かり、誰に対して実施しているかを明確に伝えることが重要になります。「最新の労務問題に関する対応方法セミナー」といったタイトルよりも「介護事業主のための残業問題対策セミナー」といったタイトルの方が、集客数もよいケースが多く、参加企業の業種が絞れているため、何を提供するかを明確にしやすく、事案を獲得する確率が上がります。

③　参加者の課題を事前に把握する

　セミナー・講演を実施する上では、参加企業への事前アンケートや事前ヒアリングを数件実施するだけでも、よりニーズに適した内容にすることが可能ですので、事案を獲得する確率が上がります。また、セミナーや講演の全体像（どのようなセミナー・講演を行うか）を設計する段階で、ターゲット企業へのヒアリングやアンケートを実施し、テーマを決めることが理想です。

④　大規模（30名以上）よりも小規模で複数回実施する

　セミナー・講演から事案・顧問先を獲得されている先生にお話を伺うと、大規模よりも小規模の方が事案に繋がっている確率が高いと話されるケースが多いです。大規模の場合、ターゲットを絞りにくいため、誰に向けて話すべきかを決めにくく、内容も絞りにくいことから、結果として全般的な話をすることとなり、事案に繋がらないというケースが多くなります。小規模の場合、ターゲットがすでに絞られているため、参加者に合わせて深い内容を話しやすく、かつ物理的にも近い距離で話すことができるため、参加者との距離を縮めることが大規模に比べると容易です。また、大規模に比べると、準備・運営に関する負担も小さく、複数回開催しやすいというメリットもあります。

⑤　講座構成を考える上では提供サービスを紹介する時間を設ける

　セミナー・講演において、与えられた時間の中で最低10％は、弁護士として提供できるサービスを明確に伝える時間を設けることが重要です。自分自身でやろうと考えている方ももちろん一定数おりますが、誰かに依頼し解決できるのであれば依頼したいと考えているケースの方が多いです。講座時間の中で20％を超すと営業色が若干強くなってしまうため、与えられた時間の中で10〜20％の範囲で提供サービスを紹介する時間設定をしましょう。

セミナー・講演は、ホームページが増えた2016年現在でも、最も有効な方法です。セミナー・講演の方法をより事案を獲得できる形式に工夫し、事案を獲得していただきたいと思います。

# 10 企業法務分野の紹介ルート

　前にも述べましたように、「企業法務」という大分類ではなく、より細分化して分野を設定したり、業種・業界を設定すると、様々なルートの可能性が見えてきますが、本項では、「企業法務」という大分類で考えた場合、一般的な紹介ルートとして、以下があります。

① 税理士（会計事務所）

　中小企業にとって、最も身近な士業は税理士です。税理士と付き合いがない、という企業経営者は少ないはずです。しかし、税理士の先生や会計事務所のスタッフは、弁護士が考えているほど、弁護士の業務内容を分かってはいません。

　そこで、サービスを「見える化」した事務所パンフレットなどのツールを活用してもらうことが重要になるのです。

② 社会保険労務士（社労士）

　企業法務の中でも、特に、労務分野においては、社労士の先生が紹介ルートとして効果的です。中小企業で労務トラブルの相談を社労士の先生にされるケースは多いからです。

　ただし、社労士の先生の中には、労務トラブルを相当程度、自分でやりたい（つまり、弁護士に紹介するのではなく）、という先生もおられます。したがって、社労士の先生が手に負えないような相談が紹介されてくることになります。

### ③ 行政書士・司法書士

同じ法律系の資格である行政書士・司法書士は、分野によっては競合状態になることもありますが、企業法務で競合することはあまりありません。

また、行政書士も司法書士も、最近は個人の分野に進出する事務所が増えていますが、もともとは法人顧客をベースとした資格ですので、企業のクライアントのベースをお持ちです。

### ④ 保険代理店

保険代理店を効果的な紹介ルートにされている先生は多いです。保険営業の優秀な方は、様々な専門家や役に立つ人を紹介するのが実に上手です。また、保険業はその性質として、損害賠償などの相談が日常的にあるからです。

# 11 いわゆる「営業活動」について

　最近、会計事務所や特許事務所、司法書士事務所、不動産鑑定士事務所などで、営業の専任担当者を設置する事務所が増えています。

　それに関連して、「弁護士でも、他の士業事務所や、企業のような、営業部隊による営業活動はありえるのでしょうか？」という質問をいただきました。

　実際に、きわめて少数ですが、日本の法律事務所でも営業担当者をおいているケースがあります。また、アメリカなど外国の大型の法律事務所では、営業担当・顧客対応担当者を設置している事務所が多いようです。

　アメリカなど外国の大型の法律事務所における、営業担当・顧客対応担当者は、既存顧客から、担当弁護士の業務についての満足度を確認したり、他の業務のニーズを引き出したりすることが重要な役割のようです。

　新しい仕事を導入するような、いわゆる「営業活動」を想定した場合、法律事務所の場合、営業活動がしやすい業務と、そうではない業務があります。

　営業がしやすい業務は、
・常に定型的な弁護士サービスの需要がある
・需要とサービスの内容について、共通の認識が得られているような業務

です。

　典型的には、損保会社側の交通事故案件や、不動産賃貸会社の明渡訴訟などが、これに該当すると思います。

　実際にこういう業務について、営業専任担当者による営業活動を行って、事件の導入に成功している事務所も出てきています。

ルーティンでない業務の場合は、営業面談とはすなわち、法律相談ということになってしまうので、非資格者の営業専任担当者による営業活動よりも、弁護士自身が行った方が効率的、ということになると思われます。

## 12 顧問契約を継続してもらう方法

　近時、企業は法務コストの圧縮を考えるケースが増えています。また、企業内弁護士の増加や弁護士の情報発信が増えたことにより、顧問契約の見直しをする企業も少なくありません。2016年現在では、法律事務所は顧問契約を継続するための活動を増やさなければいけない状況になりつつあります。本項では、顧問契約を継続する上で有効な3つの方法について述べます。

① 定期的な小規模勉強会の実施

　前述しましたが、セミナー・勉強会は顧問先を開拓する上で有効な方法です。顧問先及び新規の方に対して小規模の勉強会を開催することは、新規の獲得と既存先との関係強化が一度にできる有効な方法です。小規模勉強会を実施する場合には、顧問先企業は無料とすることで、顧問契約をしているメリットを訴求することが可能です。また、定期的な情報発信をすることになりますので、仮に参加されない場合でも関係を強化する上では有効な方法となります。

② 顧問先への連絡日の設定

　月1回程度、法律事務所から顧問先への連絡をする日を決め、連絡をすることで、潜在的な事案の発掘が可能であり、顧問先が大きなトラブルに巻き込まれることを事前に防ぐことが可能です。顧問先に対しては、「業績」「最近注目している事柄」「最近不安に思っている事柄」などをヒアリングしていただくと双方にとって有用です。また、事前にFAXや電子メールなどで、相談予約と協議したい事柄などをヒアリングしていただくと

より効率的かつ効果的になります。

### ③　顧問料金の蓄積（ストック）型方式の導入

　蓄積する期間の限度を決めた上で、事案が一切発生していない場合に顧問料金が蓄積されるようにし、蓄積された顧問料金は、案件対応時に発生する着手金に充当します。副次的な効果として、蓄積されている顧問料金を使用するために、通常では潜在化してしまう事案を獲得できているケースもあります。

　「万が一の時の顧問契約」は、2016年現在でもとても重要なサービスですが、より高い確率で顧問契約を継続する場合には、顧問先への接触頻度を上げる仕組みをつくることが重要となります。

## 13 企業法務分野の今後

　企業法務分野は、大都市における一部のブティック型事務所、専門型事務所においては、個人の分野に比べてはるかに専門化やサービスの深掘りが進んでいます。また、特定の顧客層へのアプローチも進んでいます。

　そのため、以前よりも、一般の弁護士からは非常に見えにくくなっています。個人の分野のマーケティングは、交通事故分野を中心に飛躍的に進みました。企業法務分野のマーケティングも進みましたが、個人に比べるとまだまだ遅れているために、本章の冒頭に述べましたように、特に地方都市においては、「企業法務」という大分類のアプローチでも、2016年現在においても効果があります。

　しかし、今後、ライフサイクルが進むと、それらをさらに細分化した「債権回収」「企業再生」などの小分類でのアプローチが増えていくと考えられ、すでに一部の都市部では、「分野特化型」のサイトが増えつつあります。

　今後、前述したように地方都市でも、「不動産の専門事務所」「労働法に強い事務所」のように、企業法務の中でも、より細分化された分野に特化したり、注力する事務所が増えると同時に、「業種・業界特化型」の事務所も増えると思われます。

　我々も、これから、より細分化して、それぞれの分野特化及び業種・業界特化のマーケティングを深めたいと思っています。

　今後の企業法務における大きな可能性は、やはり訴訟外の業務です。

　その中でも特に重要なのは、紛争処理関連ではなく、むしろ紛争防止のための業務、ルーティン業務の開発でしょう。何か紛争が起こったら、依頼する、のではなく、日常の企業活動に弁護士業務をどのように組み込ん

でいくか、という視点での開発です。その中で、常駐型や半常駐型のサービスも増えると思います。

また、企業法務においても、弁護士の周辺領域のプレイヤーとの関連が重要です。

コンプライアンス、内部統制、事業承継、M&A、税務、知財など、あらゆる分野で周辺プレイヤーが存在します。

これらの周辺プレイヤーとどのように協業するのか、どのように業務を組み立てていくのか、ということが、今後の大きな課題であると思います。

さらに、今後、弁護士の増員によって、企業内弁護士が増えると思われます。実際に関東地域においては、2005年には103人だった企業内弁護士が、2015年には1,231人（11.9倍）になっています。また、関西地域においては、2005年には5人だった企業内弁護士が、2015年には138人（27.6倍）になっており、急激に増加しています。この傾向は、今後も続くと考えられます。

これらの企業内弁護士との役割分担をどのように行っていくのか、ということも大きな課題です。ただし、これは、企業内弁護士の存在によって、企業法務事務所の弁護士の仕事が減る、という意味ではなく、むしろ、企業内弁護士の存在によって、企業法務の仕事は創造されることが期待できる、と考えています。

# 第6章

これからの弁護士マーケティング

## 1 弁護士需要は創造される⁉

　これまでの章で、離婚・男女関係、相続、交通事故、企業法務のマーケティングの取り組みについて述べてきました。

　我々としては、これらのマーケティングへの取り組みは、取り組んでいただいた先生方の事務所に多くの仕事をもたらしただけではなく、全体のパイを拡大するのに大きな貢献があったのではないか、と考えています。

　『弁護士のためのマーケティングマニュアル』を書いていた2007年は、司法制度改革によって、合格者3,000人時代の幕開けの年でした。2007年末には約2,000名が弁護士登録し、その後、ややペースダウンしたものの、2016年4月1日現在の弁護士数は、37,722名人となっています。

　法曹の量と質の充実という司法改革の方向性は、もともと弁護士需要に対して、法曹の量と質が十分ではない、という認識からスタートしていると思いますが、増員が始まる前からも、増員後も、「本当に、それほどの弁護士需要があるのか？」「弁護士が増えても、そんなに仕事がないのではないか？」「はたして、弁護士需要は拡大するのだろうか？」という議論がなされてきました。

　我々も、何度となく、弁護士の先生方から弁護士の需要予測について質問を受けました。

　我々はそのたびに、弁護士需要はまだ拡大の余地があると思います、と述べてきましたが、その答えは、あるいは増員に反対される先生には評判が悪かったかもしれません。

　しかし、それは、これまで述べてきたように、我々が多くの先生方と様々な分野のマーケティングに取り組む中での実感です。

　マーケティングは、その活用される場面や手法によって、限られたパイ

を奪い合うための手法のように思われることもあるかもしれません。しかし、マーケティングが本当にその真価を発揮するのは、需要の創造においてだと思います。

　弁護士を活用するメリットを知らなかった人が、何らかのプロモーションによって、それを知ることで需要が創造されます。また、相談や依頼のハードルを下げることで、需要が創造されます。さらに、人々の悩みに対してちょうどよいサービスがなかった場合、ちょうどよいサービスが開発されることで、需要が創造されます。

　需要に対して供給が少ない時期において、マーケティングの役割は、いかに不足分を供給するか、ということですが、需要に対して供給が多い時期には、マーケティングを需要の創造、という方向で活用することが、より重要になると思います。

## 2 弁護士需要拡大の舞台は、目の前の分野にある!?

　我々が手がけたマーケティングの中でも、「そんな分野あったのですか？」というようなニッチな分野があり、そんな時には、ますます、まだまだ弁護士の仕事の領域は広いなあ、と実感しますが、本書では、離婚・男女関係、相続、交通事故、企業法務といった比較的、一般的な分野を取り上げました。
　多くの先生が取り扱われている分野の方が、イメージしていただきやすいから、という理由だけで、これらの分野を取り上げたわけではありません。
　弁護士需要の開拓というと、どうしても、新しい分野、今まで弁護士がやっていないような分野、と考えがちです。もちろん、そこにも新しい仕事の余地があると思いますが、目の前の分野にもあると思います。
　いや、むしろ、現在、まったく弁護士が関与していない分野に目を向けることも、もちろん大切ですが、そのような分野では、弁護士の活動分野が開拓できたとしても、多くの弁護士が取り組むほどに大きい分野になることは少ないのでは、とさえ思われるのです。
　それに対して、本書で取り上げたような分野は、多くの先生方が取り扱っておられるために、弁護士需要の開拓という視点で見られることが少ないのですが、そこにはまだまだ大きな市場（需要）が広がっているのです。
　たとえば、離婚調停の関与率は、我々が法律事務所のコンサルティングを始めた2005年には、23.0％でしたが、2014年には41.8％になっています。
　また、交通事故の発生件数は2005年の90万件台から2014年には約57万件にまで減少していますが、地裁と簡裁を合わせた新受件数の合計は、11,597件から31,454件にまで増加しているのです。

第6章　これからの弁護士マーケティング

　ですから、これまでまったく弁護士が関与していない分野を開拓することも非常に重要なのですが、これまでも弁護士が関与してきた分野とその周辺分野をさらに深耕することで、需要が創造されると思うのです。

　我々がかつて視察に訪れたアメリカの法律事務所は、労働法に特化して、600名の弁護士を擁していました。視察の際、「取扱分野を広げる予定は？」という質問が出たのですが、対応した弁護士は「分野を絞って、深耕することで、むしろ仕事は広がります」と答えられました。

　本書に述べた手法は、いずれも発展途上です。是非、これをお読みの先生方の取り組みによって、これらの分野の弁護士需要が、大きく創造されることを願っています。

## 3　弁護士需要創造の4つの視点

　本項では、我々が弁護士需要の創造を検討する際に用いている、4つの視点について、述べたいと思います。

① 　既存業務や日々の相談から考える
　たとえば、協議離婚サポートのようなケースは、これに当たります。日々の相談の中で、協議段階の人は、たいてい、「よく話し合って、また、何かあれば相談してください」と言って、帰ってもらっているけれども、なんだか不安そう、本当にこれでよいのだろうか、ということからスタートしました。
　また、交通事故の後遺障害についても、「症状固定になったら、また、来てください」ということになりがちだけれども、本当にこれでよいのだろうか、などです。
　企業法務でいえば、たとえば、クライアントのうちの1社から弁護士の常駐の要望があり、それにヒントを得て、常駐型、半常駐型のサービスを展開されている事務所などがあります。

② 　周辺プレイヤーのサービスから考える
　離婚のバックアッププランは、①と②の両方がヒントになりました。つまり、代理人までは必要とされていないけれども、弁護士のアドバイスは欲しい、という相談者は、継続相談になっているけれども、これでよいのだろうか、という問題意識と、周辺プレイヤーのサービス形態が結びつきました。離婚カウンセラーの方や、行政書士で離婚のアドバイスをされている方は、単発の離婚相談ではなく、継続的な契約形態をとられているこ

とがあったのです。

　また、相続手続や、遺産分割サポートは、明らかに、周辺プレイヤーが参考材料になっています。

### ③　ある分野の業務について、他分野への応用を考える

　たとえば、相続のバックアッププランは、当初、離婚分野で始めたバックアッププランが、相続でも使えるのではないか、というアプローチです。

### ④　社会問題や法律の改正から考える

　社会問題では、たとえば、何年か前にマスコミなどでも取り上げられた「新型問題社員」の対応などがあります。また、法改正では、民法改正などはその典型的なものでした。

　社会問題や法改正への対応方法をいち早く見出し、マーケティングを展開することは、きわめて効果的です。

## 4 弁護士マーケティングと理念について

　最後に、理念の重要性について、述べたいと思います。
　弁護士のマーケティングにとって、理念は非常に重要です。
　理念には、明文化されたものだけでなく、暗黙知的なものも含まれます。しかし、強い理念がある事務所と、そうではない事務所は、明確に違うと思います。理念は、机上のお題目ではありません。
　強い理念がある事務所では、理念が弁護士やスタッフの行動に落とし込まれています。また、それは、事務所経営のあり方やマーケティングにも強い影響を与えています。
　本書に述べたマーケティング手法の中には、我々が、法律事務所の経営セミナーなどを通じて、すでに発表してきたものも含まれます。
　そして、ありがたいことに、多くの先生方に実践していただいています。しかし、非常にうまくいっている事務所もあれば、残念ながら、一部の事務所では、当初、同じようにうまくいくかのように見えたものの、継続性がなく、あまりうまくいかなかった、という場面も見てきました。
　もちろん、商圏の違いや、弁護士・スタッフのスキルの違いもありますが、理念や思いの強さの違い、が非常に大きいと感じています。
　たとえば、プロモーションにおいて、ホームページに理念や思いなどを掲げると、そのページは、非常によく閲覧されます。依頼者は、理念や思いを、弁護士や事務所の重要な基準にしているのです。明文化された「理念」だけでなく、たとえば、ホームページの文章から感じられる理念、スタッフの電話対応や接客、弁護士の相談の対応、などからも、理念や思いは感じられます。それが、依頼者の支持に繋がるのです。
　また、表面的な手法を真似すれば、一時的にはうまくいくのですが、新

しい工夫や、独自の手法が生まれてこないために、中長期的には依頼者の支持を失っていくのだと思います。

　理念や思いを強く持っておられる先生や事務所は、日々の実践の中から、「こういう依頼者が多いので、こういうサービスをつくってみました」とか、「相談方法をちょっと変えてみました」ということが、次々と出てきます。それが、また、新たな需要の創造に繋がっています。

　本書で述べた方法に、先生方の独自の理念や思いがドッキングした時、強いマーケティングが生み出され、また、新しい需要の創造に繋がると思います。

## あとがき

　『弁護士のためのマーケティングマニュアル』が、「弁護士活動にマーケティングを活用しませんか？」という呼びかけの書だとすれば、本書はその呼びかけに応えていただいた先生方の実践の記録です。今回の改訂版では2012年の初版出版時から、2016年までの４年間で、先生方が実践されてきたこと、我々がルール化してきたことの中で重要な点を追加で収録しました。

　本書も前著のタイトルを引き継いで「マニュアル」という書名を冠していますが、一般的な意味でのマニュアルとは趣が異なるかもしれません。

　「マニュアル」は、通常、そこに書いてあるとおりに実践するためのものです。もちろん、本書に述べた内容をそのとおりに実践いただければ、先生方の弁護士活動に相当のインパクトがもたらされると信じていますし、是非、実践していただきたいと望んでいます。

　しかし、我々はそれ以上のことを望んで本書を執筆しました。それは、本書に述べた実践の記録を参考に、新たなマーケティング手法や、新たな分野に挑戦してもらいたい、ということです。

　そのため、本書ではそれぞれの分野におけるマーケティング方法を解説するだけではなく、前提として、各分野でどのような課題があり、それを解決するためにこのようなマーケティングを行った、ということを含めて解説しました。また、その時期についても述べました。

　本書を読んでいただいた先生が、マーケティングの手法や考え方を使うと、弁護士活動の課題をこんなふうに解決できるのか、また、社会の問題を弁護士が解決するためにこんなふうに活用できるのか、と感じていただければこれに勝る幸いはありません。

　自分はこういう課題を解決するためにマーケティングを活用してみよう、新しいサービスを考えてみよう、新しいプロモーション手法を考えてみよ

う、と思っていただければ最高です。

　本書に述べた実践の多くは前著同様、法律事務所経営研究会の先生方をはじめ、「弁護士マーケティング」に共感して取り組んでいただいた同志の先生方によっています。心から感謝申し上げます。
　また、この数年間で、船井総合研究所の法律事務所コンサルティンググループも、新しいメンバーが多数参画し、以前よりも、ノウハウが蓄積し、ブラッシュアップされるスピードも飛躍的に早くなりました。いつも、ありがとうございます。
　さらに、今回も出版にあたっては、第一法規株式会社の出版編集局編集第一部の皆様に大変お世話になりました。ありがとうございました。

　この本も、1人でも多くの先生に届きますように！

　　　　　　　　　　　株式会社　船井総合研究所
　　　　　　　　　　　法律事務所コンサルティンググループ一同

《著者紹介》

株式会社　船井総合研究所　法律事務所コンサルティンググループ

□出口恭平

株式会社　船井総合研究所　執行役員

　2005年から法律事務所のコンサルティングを開始、日本における法律事務所のコンサルティングの第一人者。著書に『弁護士のためのマーケティングマニュアル』『弁護士のためのマーケティングマニュアル－増補版－』『弁護士のためのマーケティングマニュアルⅡ－分野別実践編－』『弁護士のためのマネジメントマニュアル』（いずれも第一法規）

□鈴木圭介

株式会社　船井総合研究所　グループマネージャー　シニア経営コンサルタント

　法律事務所コンサルティンググループ責任者。実務にも精通しており、第19回弁護士業務改革シンポジウム第三部会パネリストを務める。主な著書・共著に『改訂版　法律家のためのWEBマーケティングマニュアル』（第一法規）、『士業の業績革新マニュアル－「選ばれ続ける事務所」に変わるマーケティングとマネジメント』（ダイヤモンド社）がある。

□阿部悠紀

株式会社　船井総合研究所　チームリーダー　チーフ経営コンサルタント

　法律事務所の業績アップコンサルティングに特化し、25社以上の顧問先を持つ。Webマーケティングに強みを持ち、専門サイトを活用した反響の最大化、広告戦略の最適化などで成果を上げている。「即時業績アップ」と「それぞれの事務所に合った提案」を実践している。

**株式会社　船井総合研究所**

「お客様の業績を向上させること」を最重要テーマとし、現場の即時業績アップ支援に強みを持ち、独自の経営理論に基づくコンサルティングを行っている。また、社会的価値の高い「グレートカンパニー」を多く創造することをミッションとし、企業の本質的な「あり方」にも深く関与した支援を実施している。その現場に密着した実践的コンサルティング活動は様々な業種・業界から高い評価を得ており、500名のコンサルタントが8,023社（2015年12月末数値）のご支援先のサポートにあたっている。

**株式会社　船井総合研究所　法律事務所コンサルティンググループ**

2005年より、司法制度改革による法律事務所の環境変化に対応して、法律事務所の経営革新を行うために設置された。
「法律事務所のコンサルティングを通じて、社会的課題を解決し、世の中をより幸せにする」ことをミッションに掲げ、多くの弁護士の先生方とともに法律事務所の新しい体制づくりと需要の創造に努めている。

法律事務所コンサルティンググループでは、事務所経営やマーケティング戦略等に関する無料相談を受け付けております。無料相談をご希望の方は、下記URLよりお申込み下さい。

https://www.funaisoken.ne.jp/mt/samurai271_bengoshi/inquiry-book.html
「船井総研　弁護士　経営相談　お問い合わせ」で検索

サービス・インフォメーション
――――――――――――――――― 通話無料 ―――
①商品に関するご照会・お申込みのご依頼
　　　　　　TEL 0120(203)694／FAX 0120(302)640
②ご住所・ご名義等各種変更のご連絡
　　　　　　TEL 0120(203)696／FAX 0120(202)974
③請求・お支払いに関するご照会・ご要望
　　　　　　TEL 0120(203)695／FAX 0120(202)973

●フリーダイヤル(TEL)の受付時間は、土・日・祝日を除く
　9：00～17：30です。
●FAXは24時間受け付けておりますので、あわせてご利用ください。

## 新訂版　弁護士のためのマーケティングマニュアルⅡ
―分野別実践編―

平成24年9月25日　　初版発行
平成29年3月5日　　新訂版発行

著　者　　株式会社　船井総合研究所
　　　　　法律事務所コンサルティンググループ
発行者　　田　中　英　弥
発行所　　第一法規株式会社
　　　　　〒107-8560　東京都港区南青山2-11-17
　　　　　ホームページ　http://www.daiichihoki.co.jp/

弁護士マ分野新　ISBN978-4-474-05642-8　C2034　(4)